Impressum
Verlag: BABADADA GmbH, Nedderfeld 112 , 22529 Hamburg
Geschäftsführer / Verlagsleitung: Harald Hof
Druck: Books on Demand GmbH, In de Tarpen 42, 22848 Norderstedt

Imprint
Publisher: BABADADA GmbH, Nedderfeld 112 , 22529 Hamburg, Germany
Managing Director / Publishing direction: Harald Hof
Print: Books on Demand GmbH, In de Tarpen 42, 22848 Norderstedt

sekolo

shule

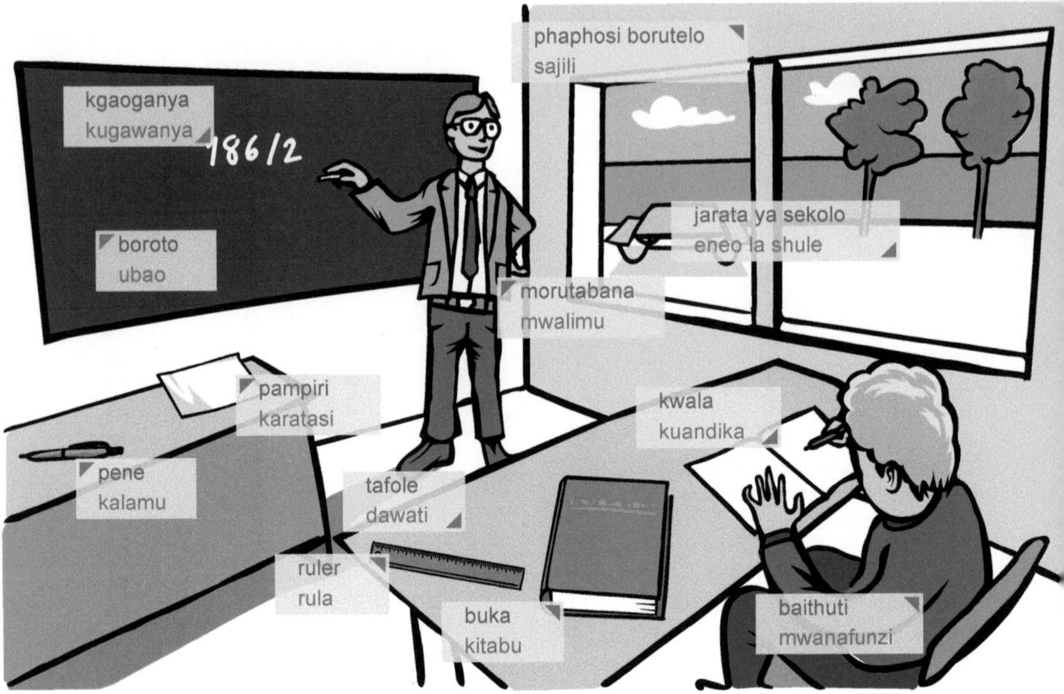

phaphosi borutelo
sajili
kgaoganya
kugawanya
186/2
boroto
ubao
jarata ya sekolo
eneo la shule
morutabana
mwalimu
pampiri
karatasi
kwala
kuandika
pene
kalamu
tafole
dawati
ruler
rula
buka
kitabu
baithuti
mwanafunzi

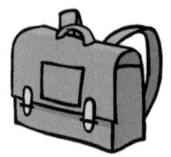

kgetsana ya dibuka

mkoba

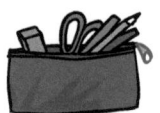

setsenya dipensele

kikasha cha penseli

pensele

penseli

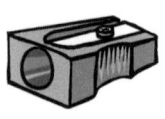

seseta pensele

kichonga penseli

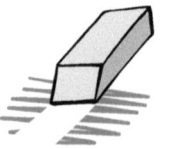

sephimola

mpira

boto ya go torowa

pedi ya kuchora

torowa
....
uchoraji

boratšhe jwa pente
....
brashi ya rangi

bokose ya pente
....
sanduku la rangi

dikere
....
mkasi

sekgomaretsi
....
gundi

buka ya go kwalela
....
daftari

tirogae
....
kazi ya nyumbani

12

palo
....
nambari

2+2

tlhakanya
....
jumlisha

5-2

kgaoganya
....
ondoa

2×2

atisa
....
zidisha

khalkhuleitara
....
kokotoa

A

lekwalo
....
barua

ABCDEFG HIJKLMN OPQRSTU VWXYZ

alfabete
....
alfabeti

lefoko
....
neno

mafoko
....
maandishi

bala
....
kusoma

choko
....
chaki

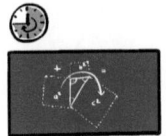

thuto
....
somo

rejistara
....
sajili

tlhatlhobo
....
uchunguzi

setifikeiti
....
cheti

diaparo tsa sekolo
....
sare za shule

thuto
....
elimu

encyclopedia
....
elezo

unibesithi
....
chuo kikuu

mikoroskoupo
....
darubini

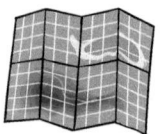

mmepe
....
ramani

moteme wa dipampiri
....
kikapu cha kuweka karatasi
chafu

eta
usafiri

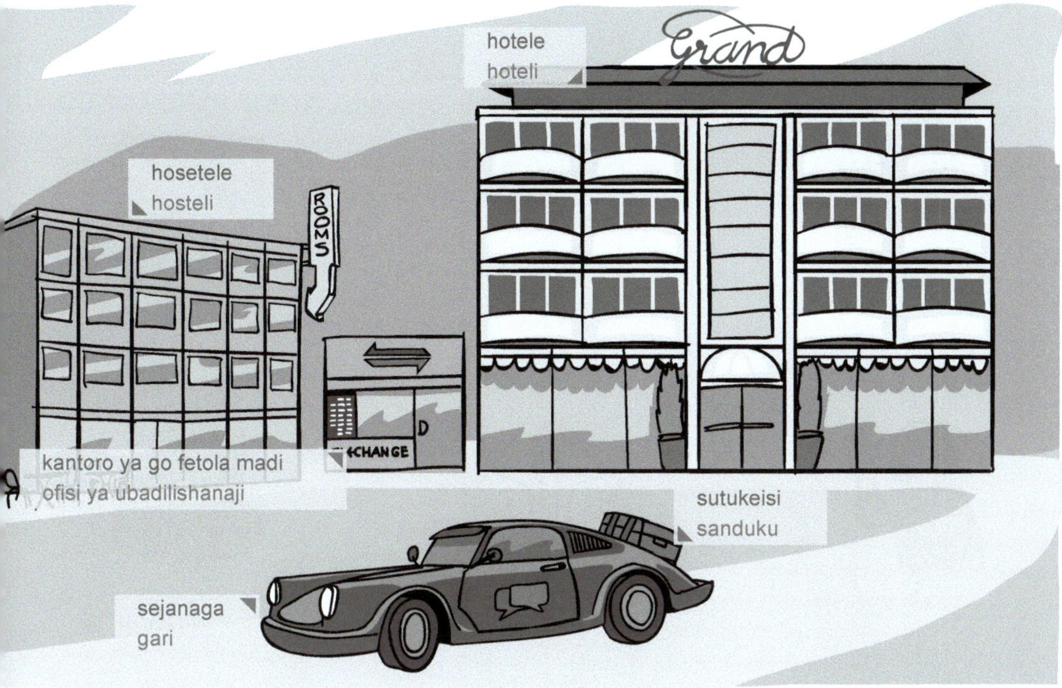

hotele
hoteli
Grand
hosetele
hosteli
ROOMS
kantoro ya go fetola madi
ofisi ya ubadilishanaji
sutukeisi
sanduku
sejanaga
gari

puo

lugha

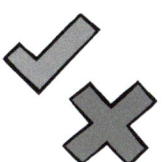

ee / nnyaa

ndiyo / la

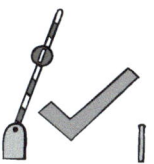

Go siame

sawa

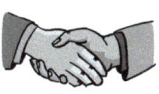

dumela

hujambo

moranodi

mtafsiri

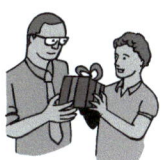

Ke a leboga

Asante

ke bokae...?

kiasi gani ni ...?

O itumelele bosigo!

Jioni njema!

Dumela!

Habari za asubuhi!

bothata

tatizo

Robala Sentle!

Usiku mwema!

ga ke tlhaloganye

Sielewi

tsamaya sentle

kwa heri

tsela

mwelekeo

dithoto

mizigo

kgetsi

mfuko

kgetsi

shanta

moeng

mgeni

phaposi

chumba

kgetsana ya go robalela

begi la kulalia

mogope

hema

tshedimosetso ya mojanala

taarifa ya utalii

lewatle

ufuo

karata ya go tsaya sekoloto

kadi

sefitlholo

kifunguakinywa

dijo tsa motshegare

chakula cha mchana

dijo tsa maitsiboa

chakula cha jioni

tekete

tiketi

lifiti

kuinua

setempe

muhuri

bodara

mpaka

dingwao

mila

embassy

ubalozi

visa

visa

lokwalo itshupo

pasipoti

sepalangwa
usafiri

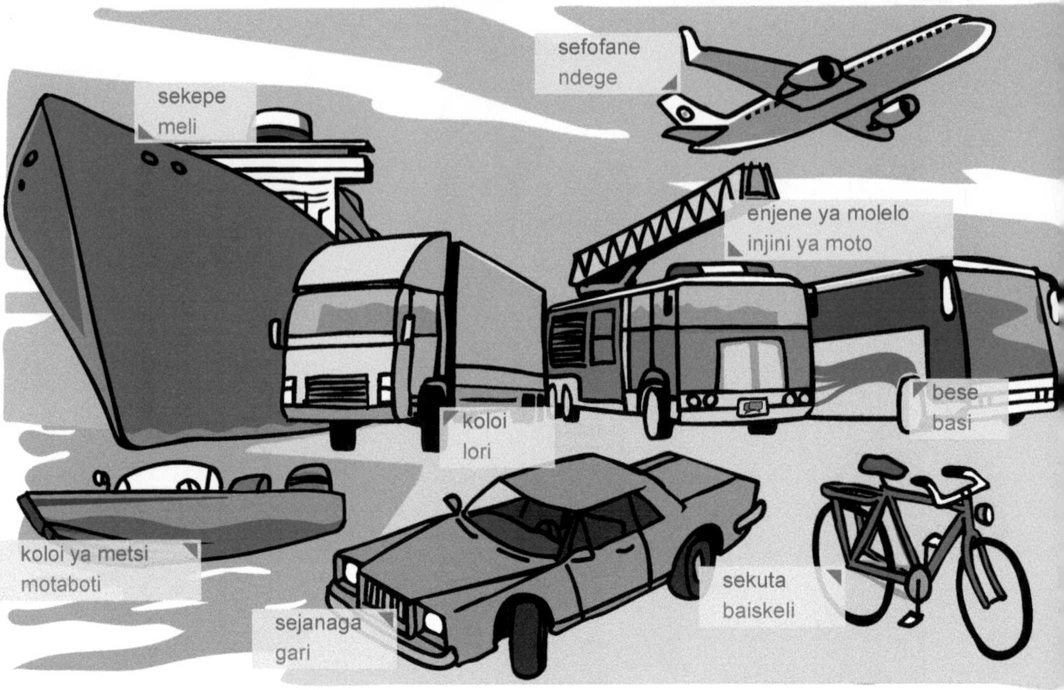
sefofane
ndege
sekepe
meli
enjene ya molelo
injini ya moto
koloi
lori
bese
basi
koloi ya metsi
motaboti
sekuta
baiskeli
sejanaga
gari

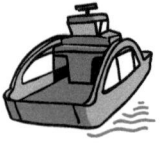

feri
feri

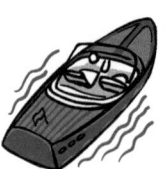

sekepe
mashua

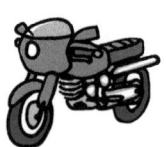

sethuthuthu
pikipiki

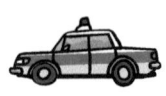

sejanaga sa mapodisa
gari la polisi

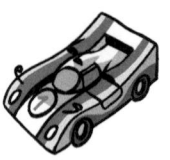

sejanaga sa lobelo
gari la mashindano

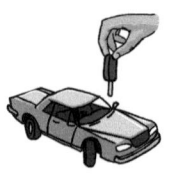

sejanaga se se hirilweng
gari la kukodisha

aroganya sejanaga

kushiriki gari

koloi e e gogang dikoloi tse
di robegileng

lori la kuvuta

koloi e e tsayang matlakala

ukusanyaji taka

koloi

motor

lookwane

mafuta

seteišhene sa lookwane

kituo cha mafuta

letshwao la pharakano

ishara trafiki

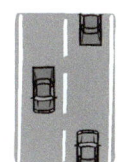

pharakano

trafiki

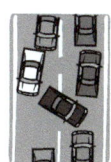

pharakano

msongamano

lefelo la go emisa koloi

maegesho

seteišhene sa terena

kituo cha treni

mela

reli

terena

garimoshi

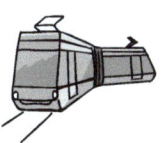

tereme

tremu

kolotsana

gari la mizigo

sefofane

helikopta

boemeladifofane

uwanja wa ndege

tora

mnara

mopalami

abiria

sekhafothini

chombo

bokoso

katoni

karaki

mkokoteni

basekete

kikapu

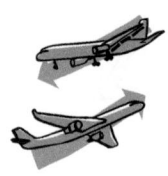

go tsamaya / go fitlha

ondoka

toropo

jiji

motse

kijiji

legare la teropo

katikati ya jiji

ntlo

nyumba

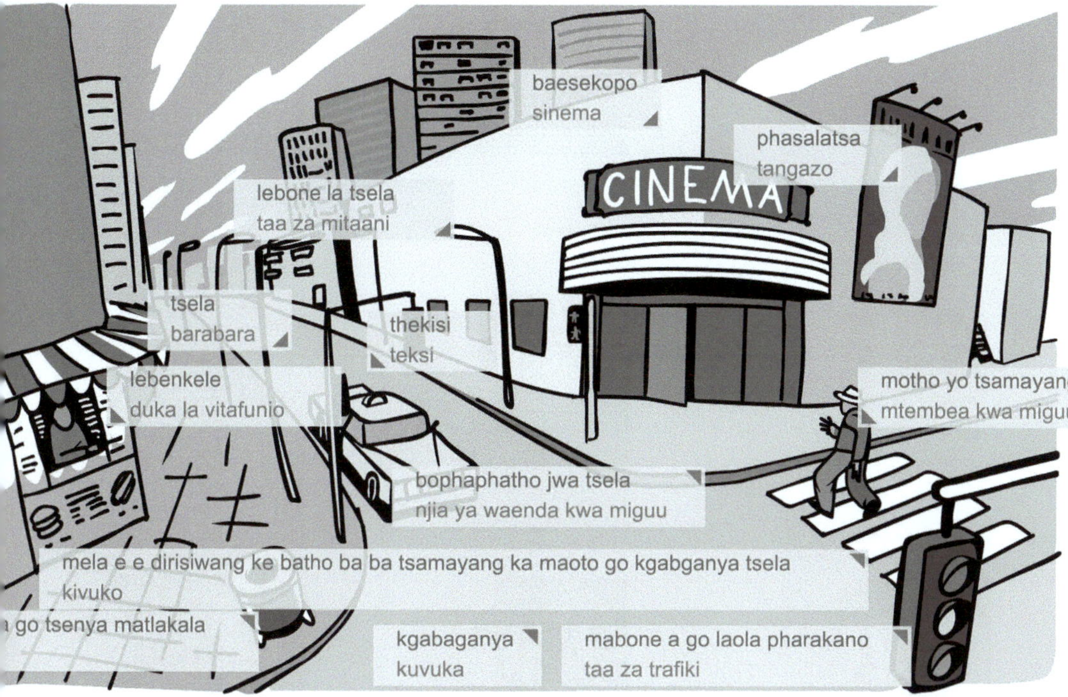
baesekopo
sinema
phasalatsa
tangazo
CINEMA
lebone la tsela
taa za mitaani
tsela
barabara
thekisi
teksi
lebenkele
duka la vitafunio
motho yo tsamayang
mtembea kwa miguu
bophaphatho jwa tsela
njia ya waenda kwa miguu
mela e e dirisiwang ke batho ba ba tsamayang ka maoto go kgabganya tsela
kivuko
go tsenya matlakala
kgabaganya
kuvuka
mabone a go laola pharakano
taa za trafiki

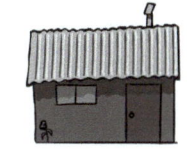

tlo e e ruletseng ka bojang

kibanda

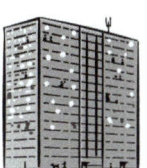

sephara

gorofa

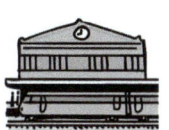

seteišhene sa terena

kituo cha treni

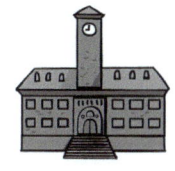

ntlolehalahala la toropo

ukumbi wa mji

MUSEUM

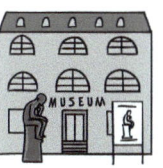

museamo

Makavazi

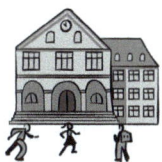

sekolo

shule

unibesithi

chuo kikuu

banka

benki

sepetlele

hospitali

hotele

hoteli

lefelo la melemo

duka la dawa

kantoro

ofisi

lebenkele la dibuka

duka la kitabu

lebenkele

duka

batho ba ba rekisang
malomo

duka la maua

lebenkele

dukakuu

maraka

soko

lebenkele la diaparo

idara ya kuhifadhi

fishmongers

mwuza samaki

moago wa mabenkele a a
mantsi

kituo cha ununuzi

boema dikepe

bandari

serapa

Hifadhi

banka

benki

borogo

daraja

ditepisi

vidato

kwa tlase ga lefatshe

chini ya ardhi

kgogometso

handaki

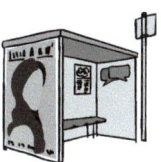

boemela bese

kituo cha mabasi

bara

bar

lefelo la go jela

mgahawa

lebokose la pose

sanduku la posta

letshwao la tsela

ishara ya barabara

mitara wa go emisa koloi

mita ya maegesho

lefelo la go bonela
diphologolo

bustani ya wanyama

letlodi la go thuma

kidimbwi cha kuogelea

tempele ya mamoselema

msikiti

polase
....
shamba

kgotlelelo
....
uchafuzi

mabitla
....
makaburini

kereke
....
kanisa

lefelo la go tshamekela
....
uwanja wa michezo

temple
....
hekalu

boago jwa lefelo

mazingira

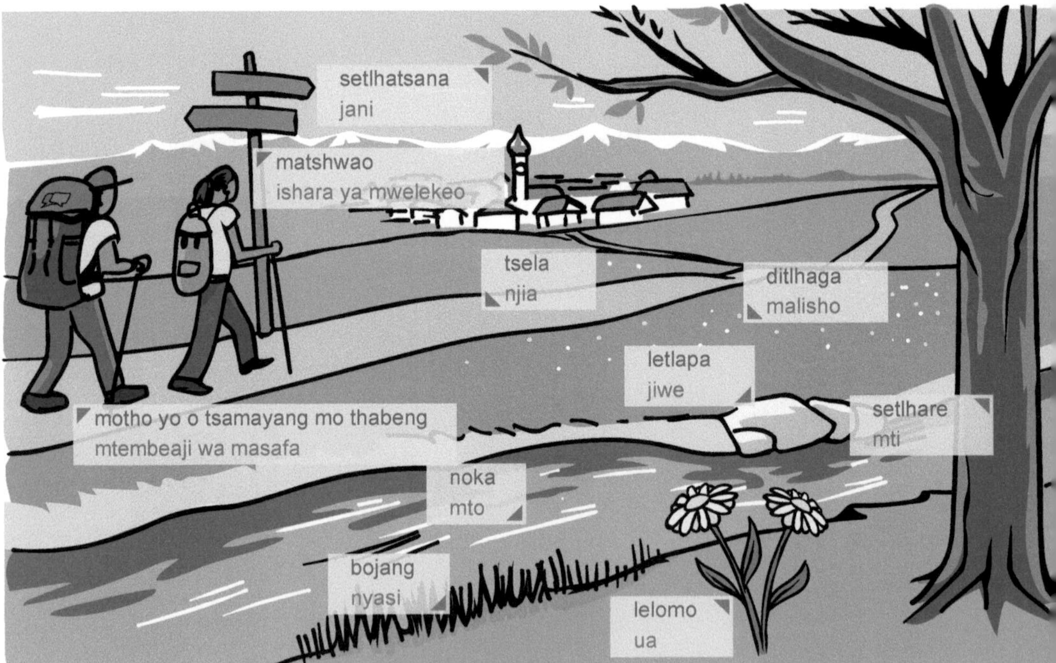

setlhatsana
jani

matshwao
ishara ya mwelekeo

tsela
njia

ditlhaga
malisho

letlapa
jiwe

setlhare
mti

motho yo o tsamayang mo thabeng
mtembeaji wa masafa

noka
mto

bojang
nyasi

lelomo
ua

mokgatšha

bonde

thatshana

kilima

lekadiba

ziwa

sekgwa

msitu

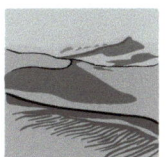

sekaka

jangwa

lekgwamolelo

volkano

khasele

ngome

motshe wa badimo

upinde wa mvua

leboa

uyoga

mokolana

mtende

montsane

mbu

tshenekegi

kuruka

tshoswane

chungu

notshi

nyuki

segokgo

buibui

khukhwana

mende

segwagwa

chura

mosha

kuchakuro

noko

nungunungu

mmutla

sungura

morubisi

bundi

nonyane

ndege

pidipidi

swan

dikolobe tsa naga

nguruwe mwitu

kgokong

kulungu

moose

aina ya kongoni

letamo

bwawa

sefetlhaphefo

tabo ya upepo

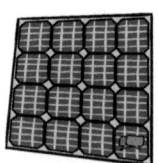

motlakase o o dirilweng ka
letsatsi

nishaji ya jua

loapi

hali ya hewa

lefelo la go jela
mgahawa

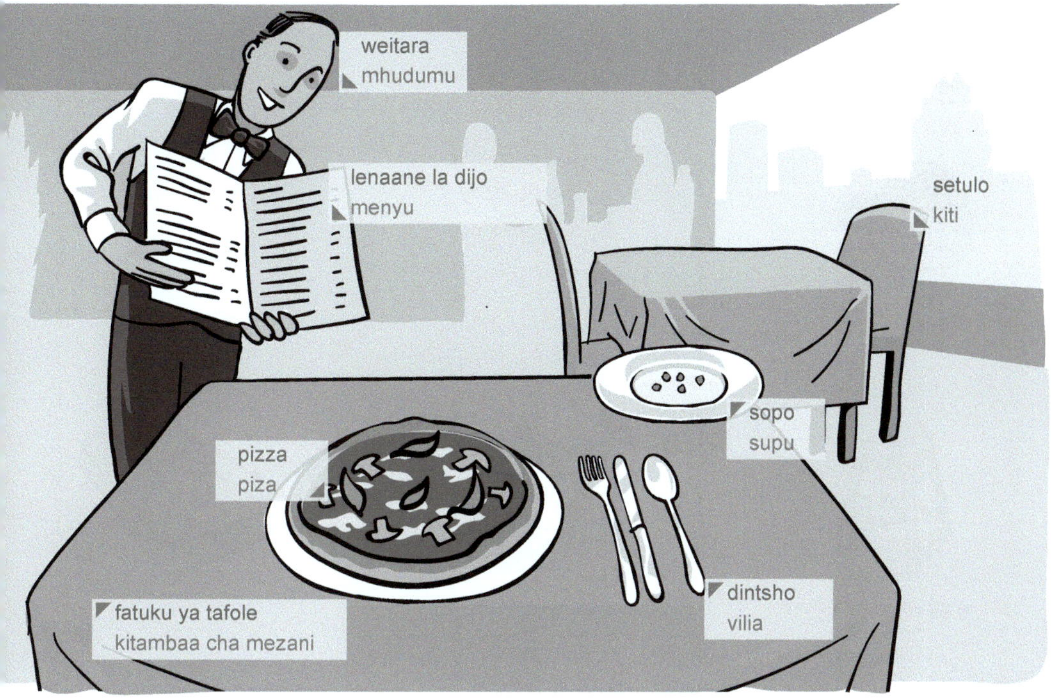
weitara
mhudumu
lenaane la dijo
menyu
setulo
kiti
sopo
supu
pizza
piza
fatuku ya tafole
kitambaa cha mezani
dintsho
vilia

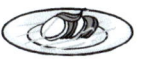

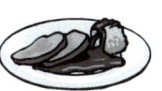

sejo sa ntlha

kiamsha hamu

sejo sa bobedi

kozi kuu

dijo tse di naleng sukiri

kitindamlo

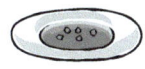

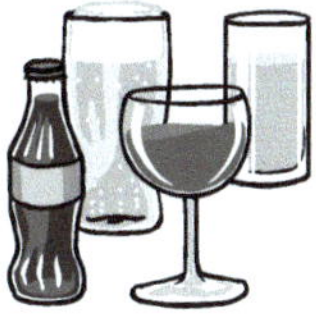

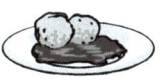

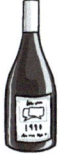

dino

vinywaji

dijo

chakula

botlolo

chupa

dijo tsa mo strateng
....
chakula cha haraka

dijo tsa seterata
....
Streetfood

ketlele ya tee
....
buli

sejana sa go tsenya sukiri
....
kisanduku cha sukari

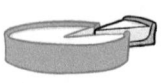

karolo
....
sehemu

motšhini wa espresso
....
mashine ya espresso

setulo se se kwa godimo
....
kiti kirefu

tshupamolato
....
muswada

terei
....
trei

thipa
....
kisu

forotlho
....
uma

liso
....
kijiko

leswana
....
kijiko cha chai

lesela la go iphimola
....
nepi

galase
....
glasi

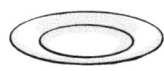

poleiti

sahani

poleiti ya sopo

sahani ya supu

sosara

sufuria

sopo

mchuzi

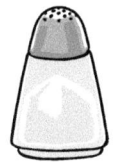

sejana sa letswai

kichanyaji chumvi

sesila pepere

kinu cha pilipili

aseini

siki

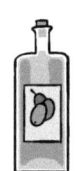

oli

mafuta

ditswaiso

viungo

tamati souso

kechapu

masetete

haradali

mayonaese

kachumbari nzito

lebenkele

dukakuu

sesolo se se kgethegileng
ofa maalum
FOR
moreki
mteja
dilwana tsa mašwi
maziwa
leungo
matunda
teroli
toroli

BUTCHERS

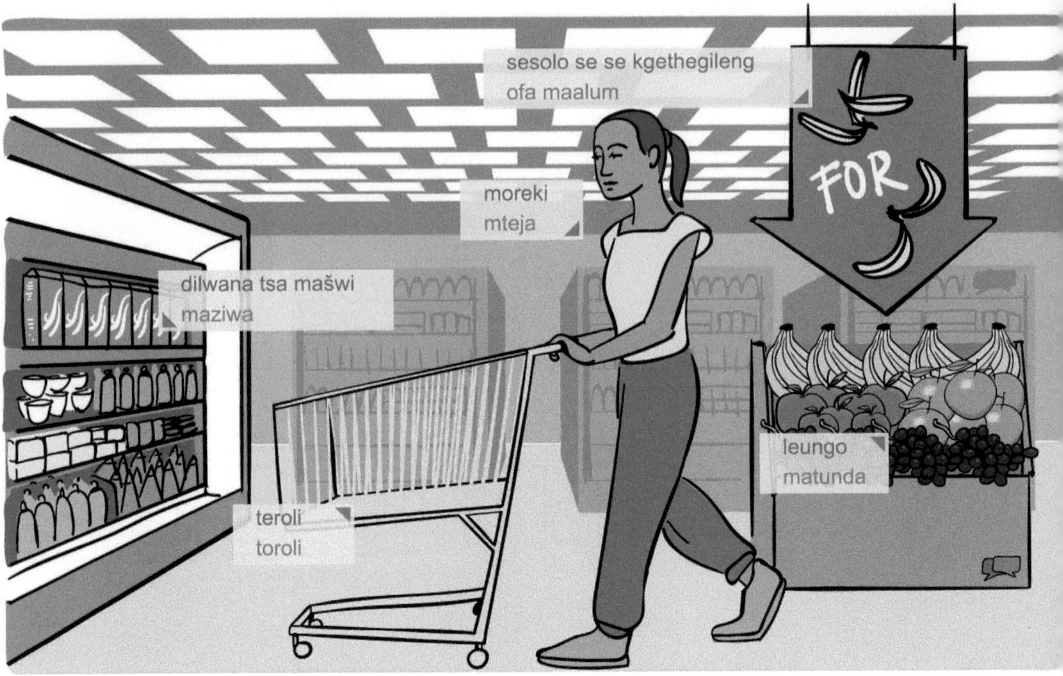

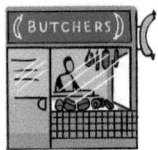

batho ba ba segang nama

mchinjaji

BAKERY

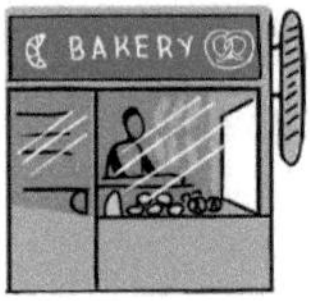

babaki

mwokaji

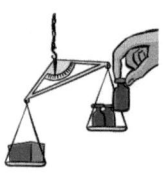

boima

uzito

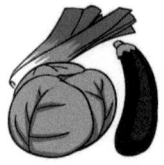

merogo

mboga

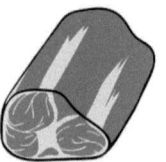

nama

nyama

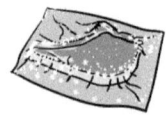

dijo tse di aesitsweng

chakula waliohifadhiwa

nama e e sa tlhokeng go apewa

vipande vya nyama baridi

dijo tsa thini

chakula cha kopo

molora o o tlhatswang

sabuni ya unga

dimonamone

pipi

dilwana tsa ntlo

bidhaa za kaya

dilwana tsa go phepafatsa

bidhaa za kusafisha

morekisi

mtu mauzo

motšhini wa madi

mpaka

morekisi

keshia

lennane la go reka

orodha ya manunuzi

diura tsa go bula

masaa ya ufunguzi

sepatšhe

mkoba

karata ya go tsaya sekoloto

kadi

kgetsi

mfuko

kgetsi ya polasetiki

mfuko wa plastiki

dino

vinywaji

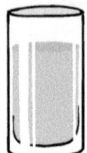

metsi

maji

jusi

sharubati

mašwi

maziwa

khouku

coke

beine

mvinyo

biri

bia

bojalwa

pombe

khoukhou

kakao

tee

chai

kofi

kahawa

esepereso

spreso

cappuccino

kapuchino

panana

ndizi

apole

tufaha

namune

machungwa

legapu

tikiti

surunamune

lemon

segwete

karoti

konofole

kitunguu saumu

lotlhaka lwa bampuse

mianzi

eie

kitunguu

mabowa

uyoga

manoko

karanga

di-noodles

nudo

sepagethi

spageti

raese

mpunga

salate

saladi

ditšhipisi

vibanzi

ditapole tse di gadikilweng

viazi vya kukaanga

pizza

piza

hamburger

hambaga

borotho jo bo tlapisitsweng

sandwichi

nama e e gadikilweng

kipande

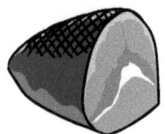

nama ya kolobe

paja la mnyama

salami

salami

boroso

soseji

koko

kuku

gadika

choma

tlhapi

samaki

bogobe jwa outse

oats ya uji

muesli

muesli

cornflakes

cornflakes

bupi

unga

croissante

kroisanti

banse

andazi

borotho

mkate

borotho jo bo besitsweng

mkate wa kubanika

bisikiti

biskuti

botoro

siagi

tšhisi

maziwa mgando

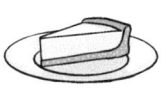

kuku

keki

lee

yai

lee le le gadikilweng

yai kukaanga

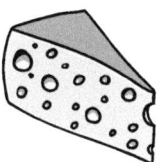

kase

jibini

aesekirimi

aiskrimu

sukiri

sukari

mamepe a dinotshe

asali

jeme

jemu

chokolete e e tshasiwang

kuenea kwa chokoleti

khari

mchuzi wa viungo

polase
shamba

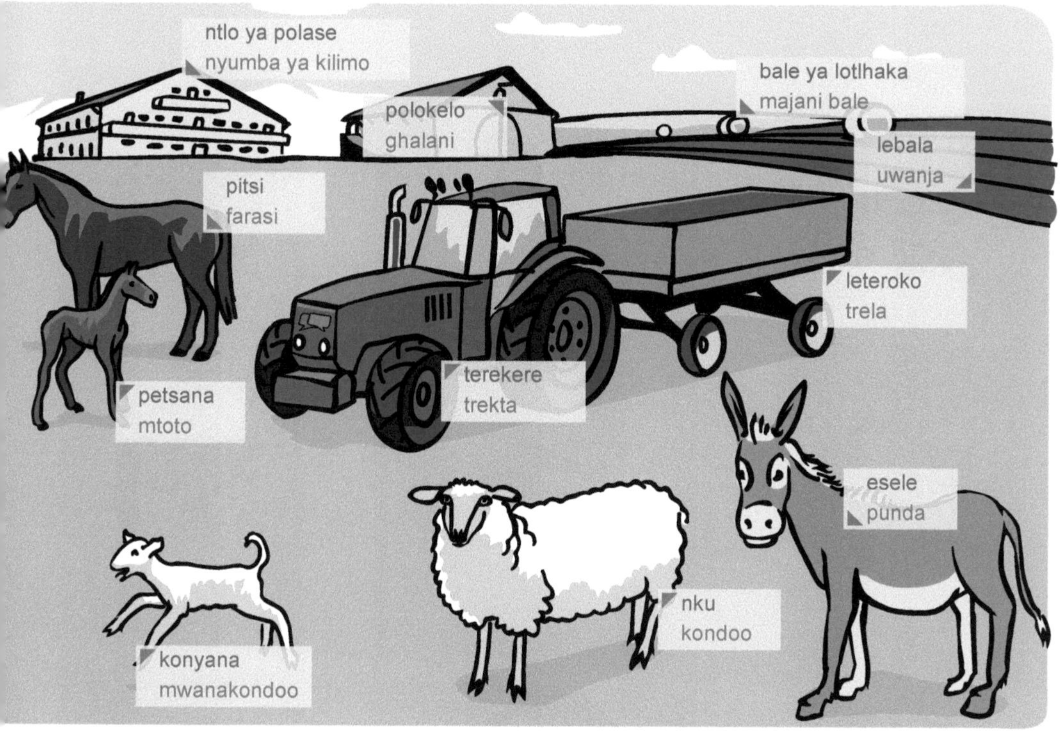
ntlo ya polase
nyumba ya kilimo
polokelo
ghalani
bale ya lotlhaka
majani bale
lebala
uwanja
pitsi
farasi
leteroko
trela
terekere
trekta
petsana
mtoto
esele
punda
nku
kondoo
konyana
mwanakondoo

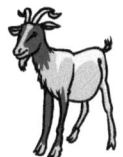

pudi
mbuzi

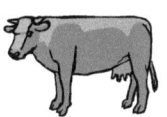

kgomo
ng'ombe

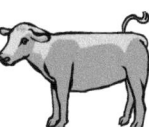

namane
ndama

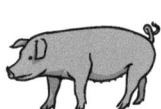

kolobe
nguruwe

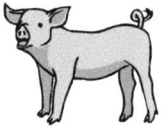

kolojane
mwananguruwe

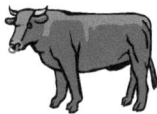

poo
fahali

ganse

batabukini

pidipidi

bata

kokwanyana

kifaranga

mokoko

kuku

mokoko

jogoo

peba

panya

katse

paka

peba

panya

kgomo

ng'ombe

ntša

mbwa

ntlo ya ntša

nyumba ya mbwa

lethompo la tshingwana

bomba la bustani

tanka ya go nosetsa

debe la kumwagilia maji

disekele tsa tshipi

fyekeo

lema

kulima

disekele
mundu

setlhagola
jembe

foroko ya go peta
uma wa nyasi

selepe
shoka

kiribae
toroli

bonwelo
kupitia nyimbo

mašwi a a moteng ga
moteme
chombo cha maziwa

kgetsana
gunia

legora
ua

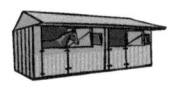

tsepame
imara

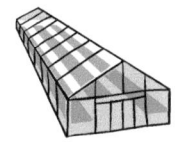

lefelo la go godisa dijalo
chafu

mmu
udongo

peo
mbegu

menyoro
mbolea

thobo e e kopaneng
kivunaji

thobo
....
mavuno

thobo
....
mavuno

di-yam
....
viazi vikuu

korong
....
ngano

soya
....
soya

tapole
....
viazi

korong
....
mahindi

disonobolomo
....
rapa

setlhare sa maungo
....
mti wa matunda

cassava
....
muhogo

dijo tsa phakela
....
nafaka

ntlo

nyumba

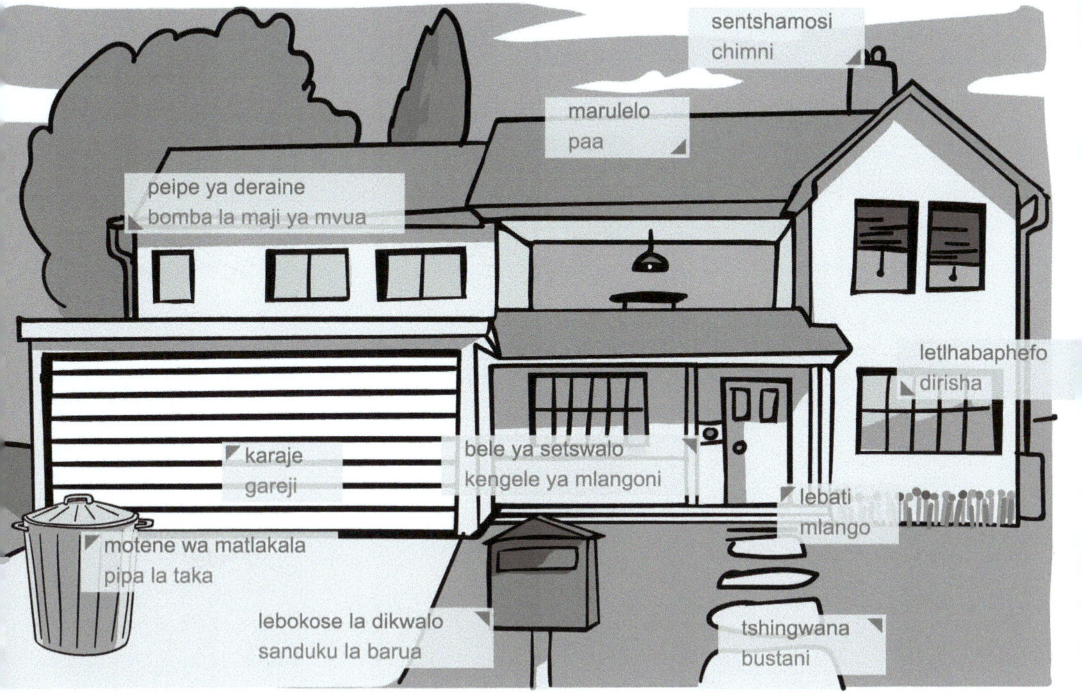

sentshamosi
chimni
marulelo
paa
peipe ya deraine
bomba la maji ya mvua
letlhabaphefo
dirisha
karaje
gareji
bele ya setswalo
kengele ya mlangoni
lebati
mlango
motene wa matlakala
pipa la taka
lebokose la dikwalo
sanduku la barua
tshingwana
bustani

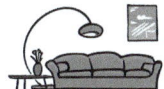

phaposi ya bodulo
sebuleni

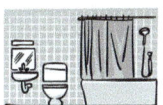

phaposi ya go tlhapela
bafu

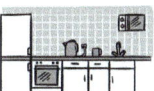

boapeelo
jikoni

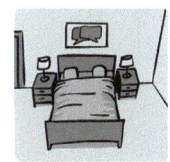

phaposi ya borobalo
chumba cha kulala

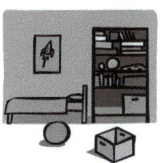

phaposi ya bana
chumba ya mtoto

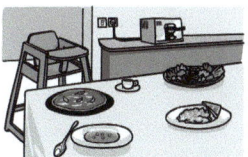

phaposi ya bojelo
chumba cha kulia

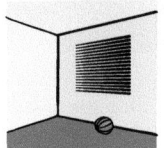

mo fatshe

sakafu

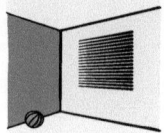

lebota

ukuta

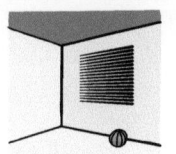

siling

dari

mabolokelo

pishi

se futhumatsa mmele

sauna

mokatako

roshani

mokgekolosa

mtaro

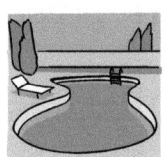

makadiba

kidimbwi

sedirisiwa sa go sega
bojang

mashine ya kukata nyasi

lakane

karatasi

kobo

kitambaa cha kupamba
kitanda

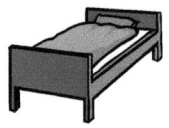

bolao

kitanda

lefielo

ufagio

kgamelo

ndoo

switch

kubadili

phaposi ya bodulo

sebuleni

pampiri e e kgabisng lebota
mandhari
setshwantsho
picha
lobone
taa
raka
rafu
raka
kabati
thelebishene
televisheni/runinga
iso
mekoni
lelomo
ua
mosamo
mto
soufa
sofa
setsenya malomo
chombo cha maua
selaola thelebishene o le kgakala le yone
kitenzambali

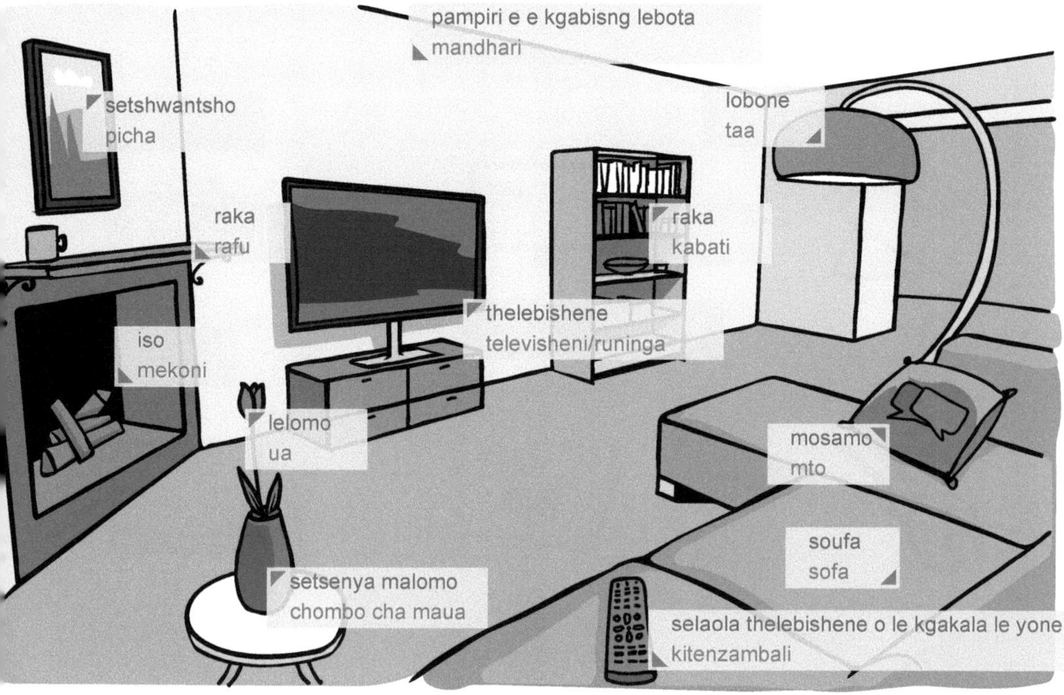

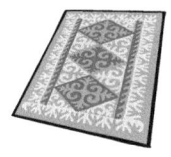

mmetshe
zulia

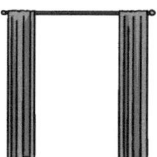

garetene
pazia

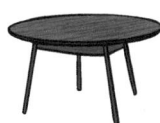

tafole
meza

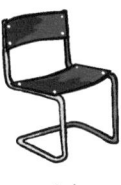

setulo
kiti

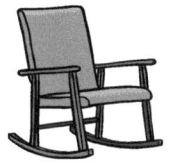

setulo se se binang
kiti cha bembea

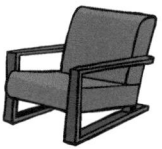

setulo se se naleng boikego
armchair

buka
kitabu

kobo
blanketi

mokgabiso
mapambo

dikgong tsa molelo
kuni

filimi
filamu

hi-fi ya go letsa
kifaa cha hi-fi

selotlolo
ufunguo

lokwalodikgang
gazeti

setshwantsho se se
dirilweng ka pente
uchoraji

pampiri ya go phasalatsa
bango

seyalemowa
redio

buka ya dintla
daftari

huvara
kifyonza

motoroko
dungusi kakati

kerese
mshumaa

boapeelo
jikoni

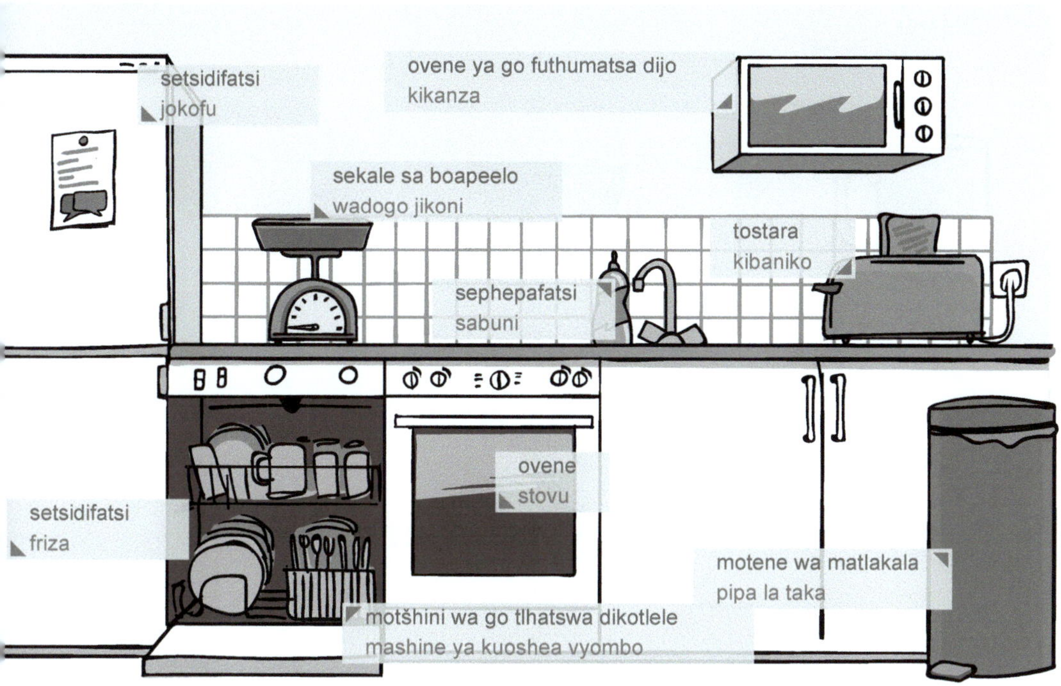

setsidifatsi
jokofu
ovene ya go futhumatsa dijo
kikanza
sekale sa boapeelo
wadogo jikoni
tostara
kibaniko
sephepafatsi
sabuni
ovene
stovu
setsidifatsi
friza
motene wa matlakala
pipa la taka
motšhini wa go tlhatswa dikotlele
mashine ya kuoshea vyombo

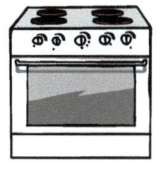

moapei

jiko la kupika

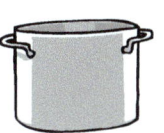

pitsa

chungu

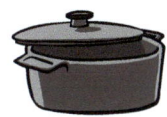

pitsa ya tshipi

sufuria ya chuma

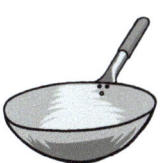

wok / kadai

wok / kadai

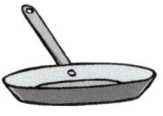

pane

kaango

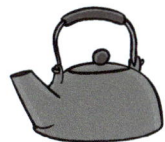

ketlele

birika

sefuthumatsi

stima

terei ya go baka

sinia ya kuoka

dintsho

vyombo vya udongo

kopi

kombe

sejana

bakuli

thobane ya go rema

vijiti vya kulia

thoka

ukawa

sepatšhula

mwiko mpana

wiskara

burashi

setereinara

kichujio

setlhotlhi

chujio

greitara

mbuzi

kika

chokaa

nama ya kgomo

barbeque

molelo o o mopepeneneg

moto wazi

boroto ya go segela

ubao wa majaribio

rolara

kijiti cha kusukuma unga

sebula dibotlolo tsa beine

kizibuo

moteme

kopo

sebula moteme

inaweza kopo

setshwari sa pitsa

kishikio cha chungu

sinki

karo

boratšhe

brashi

sepontšhe

sifongo

setlhakanya dijo / maungo

kisagaji matunda

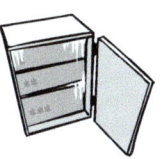

setsidifatsi

friji ya kina

botlole ya ngwana

chupa ya mtoto

tepe

bomba

phaposi ya go tlhapela

bafu

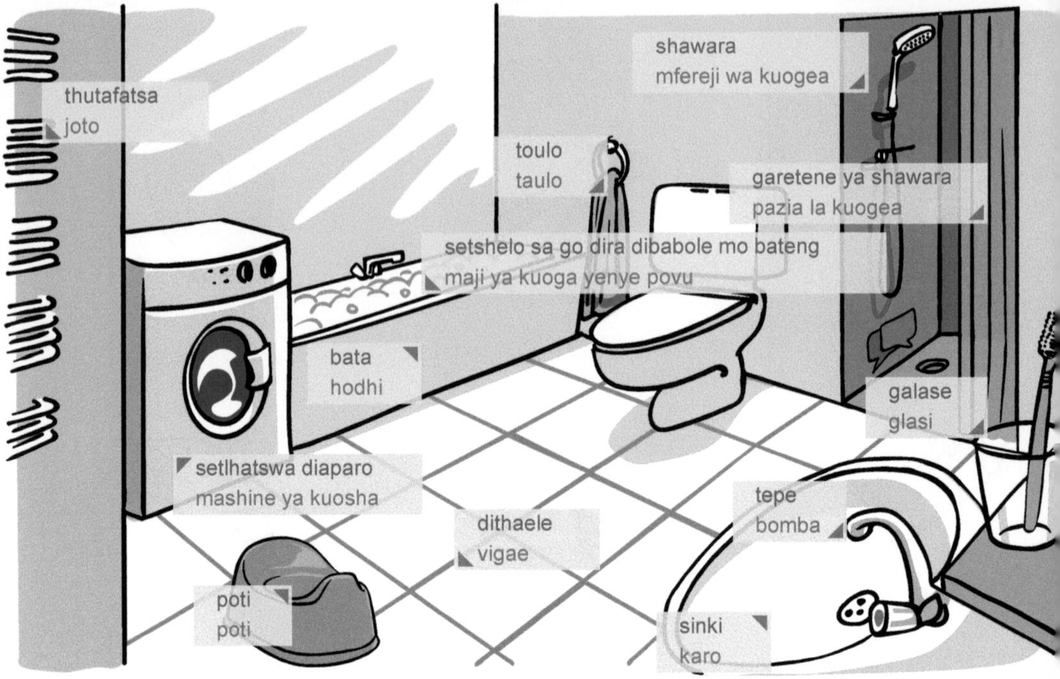

shawara
mfereji wa kuogea
thutafatsa
joto
toulo
taulo
garetene ya shawara
pazia la kuogea
setshelo sa go dira dibabole mo bateng
maji ya kuoga yenye povu
bata
hodhi
galase
glasi
setlhatswa diaparo
mashine ya kuosha
tepe
bomba
dithaele
vigae
poti
poti
sinki
karo

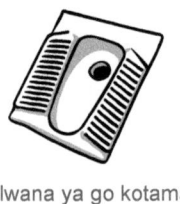

ntlwana

choo

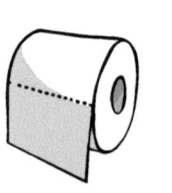

ntlwana ya go kotama

choo cha squat

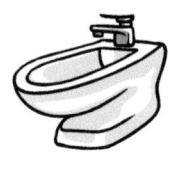

bidete

beseni la mviringo

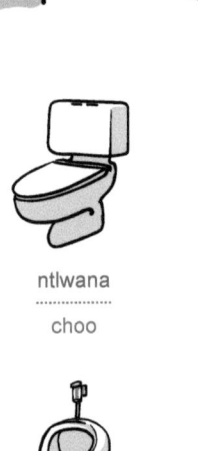

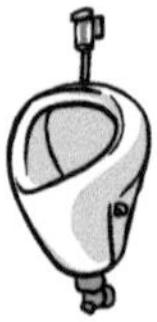

moroto

choo cha umma

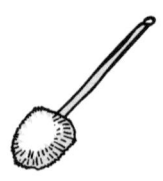

pampiri ya boithomelo

shashi

boratšhe jwa ntlwana

brashi ya choo

boratšhe jwa meno

mswaki

sesepa sa meno

dawa ya meno

tlhale ya go phepafatsa meno

dawa ya meno

tlhatswa

safisha

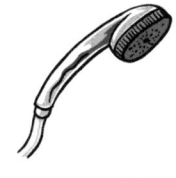

shawara ya go itshwarela

kuoga mkono

senkgisa monate

msukumo wa maji

beisini

bonde

boratšhe jwa mokwatla

mpako wa pili

sesepa

sabuni

jele ya shawara

jeli ya kuogea

setlhapisa moriri

shampuu

folanele

flana

mosele

toa maji

setlolo

krimu

senkgamonate

kiondoa harufu

seipone

kioo

seipone sa go itshwarela

kioo mkono

legare

kinyozi

foumu ya go ntsha moriri

povu la kunyoa

foumu ya fa o fetsa go ntsha moriri

baada ya kunyoa

kama

kichana

boratše

brashi

seomisa moriri

kikausha nywele

seporei sa moriri

marashi ya nyewele

seitlole sa sefatlhego

vipodozi

setlolo sa molomo

kidomwa

pente ya dinala

varnish ya msumari

boboa

pamba

sekere sa dinala

mkasi wa kucha

leokwane le le nkgang monate

manukato

kgetsana ya go tlhatswa

mkoba wa kuosha

setulo

kinyesi

sekale sa go lekanya

mizani

seaparo sa botlhapelo

nguo ya kuoga

ditlelafo tsa rekere

glavu za mpira

tempone

kisodo

sedirisiwa sa basadi ba ba mo kgweding

sodo

ntlwana ya khemikhale

kemikali choo

phaposi ya bana

chumba ya mtoto

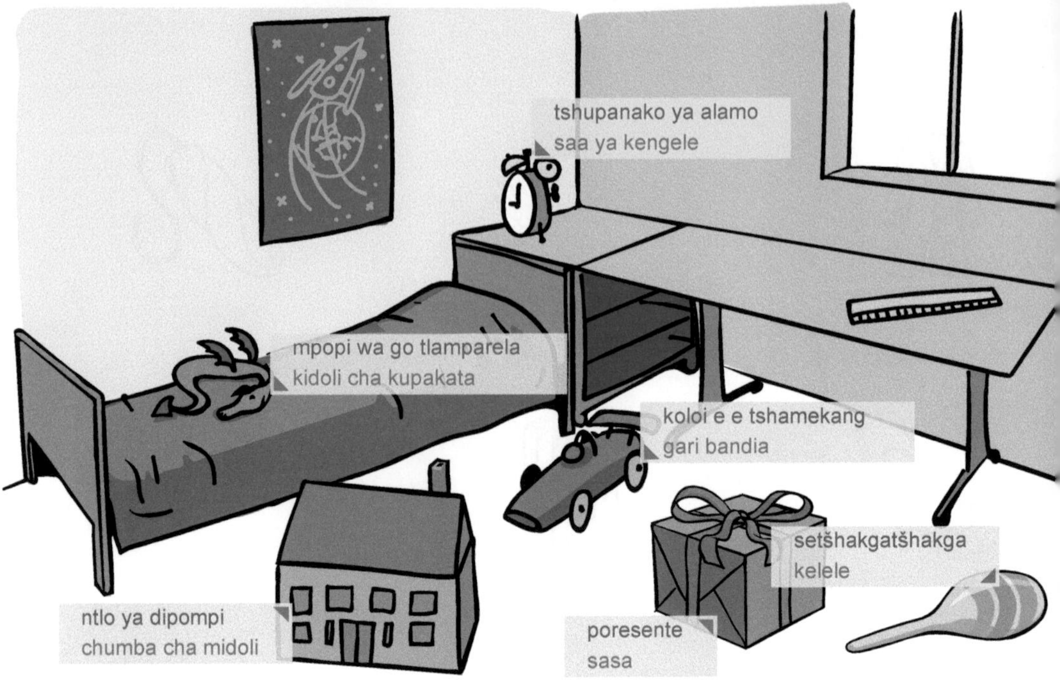
tshupanako ya alamo
saa ya kengele
mpopi wa go tlamparela
kidoli cha kupakata
koloi e e tshamekang
gari bandia
setšhakgatšhakga
kelele
ntlo ya dipompi
chumba cha midoli
poresente
sasa

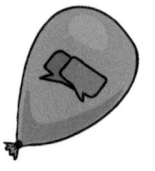

baluni

baluni

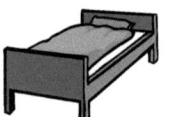

bolao

kitanda

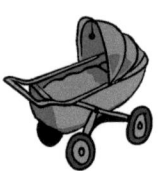

porema

mashua

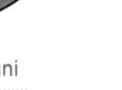

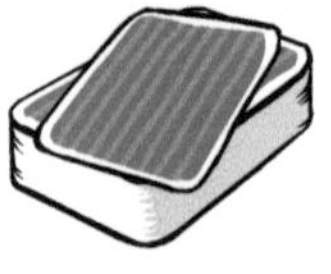

deck of cards

staha ya kadi

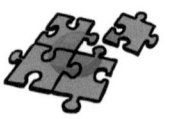

saga ya motlakase

mchezo-fumb

SUPER
MEGA

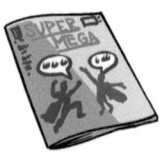

buka ya ditshegisi

vichekesho

matlapa a go tshameka
matofali lego

diboloko tse di tshamekang
vitalu mwigo

setshwantsho sa motho
hatua takwimu

seaparo sa lesea
suti ya kulalia

Frisbee
kisahani

selo sa go letsa mmino mo
ditsebeng
simu

motshameko wa boroto
ubao wa michezo

daese
kete

terena
garimoshi mwigo

tami
dummy

moletlo
chama

buka ya ditshwantsho
picha kitabu

bolo
mpira

mpopi
kikaragosi

tshameka
kucheza

lebala le le naleng santa

shimo la mchanga

moswinki

bembea

ditshamekisi tsa bana

vitu bandia

motshameko wa dibidio

kiweko cha video ya mchezo

baesekele ya maotwana a a mararo

baiskeli ya magurudumu

bera e e diretsweng go tshamekisa bana

mwanasesere

raka ya go baya diaparo

kabati

matatu

dikausu

soksi

dikausu tsa basadi

stokingi

dithaetse

kibano

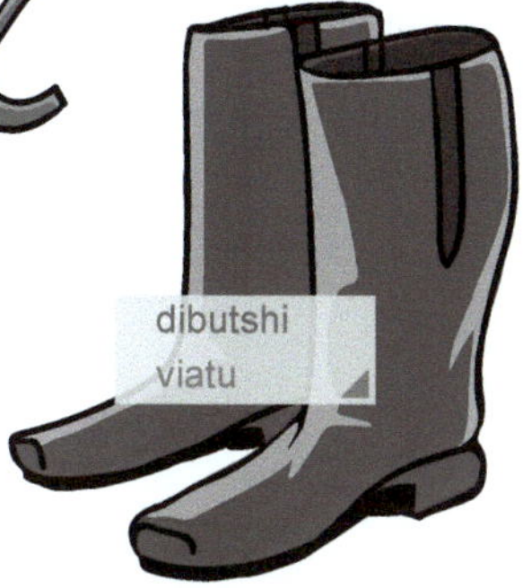

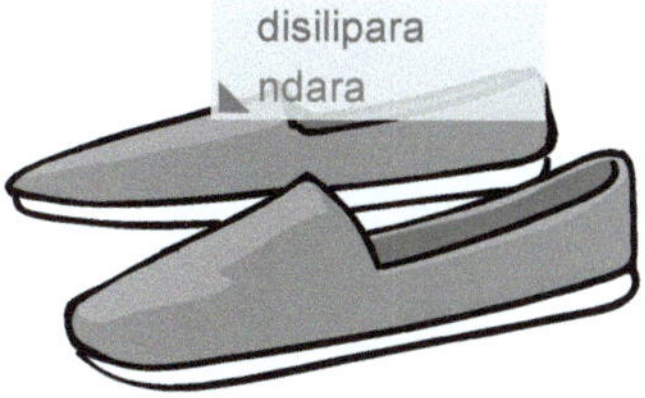

sekhafo
skafu

sekhukhu
mwavuli

lebante
ukanda

sekipa
fulana

dibutshi
viatu

disilipara
ndara

diteki
wakufunzi

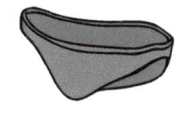

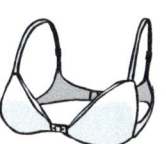

dimphatšhane

malapa

ditlhako

viatu

dibutshi tsa rekere

mabuti ya mpira

borukgwe jwa kwateng

suruali ya ndani

boraa

sidiria

besete

fulana

mmele

mwili

borukgwe

suruali

bokate

dangirizi

sekete

sketi

bolaose

blauzi

hempe

shati

jeresi e e senang matsogo

vuta

jakete e e enaleng hutshe

sweta

boleisara

bleza

jakete

jaketi

jase

koti

jase ya pula

koti la mvua

khosetjhumo

maleba

mosese

gauni

mosese wa lenyalo

mavazi ya harusi

sutu

suti

seaparo sa bosigo

vazi la usiku

diaparo tsa go robala

pajama

sari

sari

sekhafa sa tlhogo

skafu

turban

kilemba

burqa

burka

kaftan

kaftan

abaya

abaya

seaparo sa go thuma

vazi la kuogelea

diteranka

vazi la kiume la kuogelea

borukgwe jo bo khutshwane

kaptura

terekesutu

teitei

seaparo sa go phephafatsa

aproni

ditlelafo

glavu

talama

kifungo

diborele

glasi

sebaga

bangili

sebaga sa mo thamong

mkufu

palamonwana

pete

lengena

herini

kepisi

kofia

sepega baki

kiango cha koti

hutshe

kofia

tae

tai

zepe

zipu

hutshe ya sethuthuthu

kofia

ditrata tsa meno

kanda za suruali

diaparo tsa sekolo

sare za shule

diaparo tsa mmereko /
diaparo tsa sekolo

sare

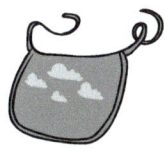

bebe

bibu

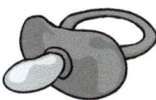

tami

dummy

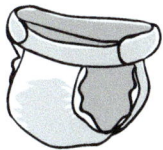

mongato

nepi

kantoro

ofisi

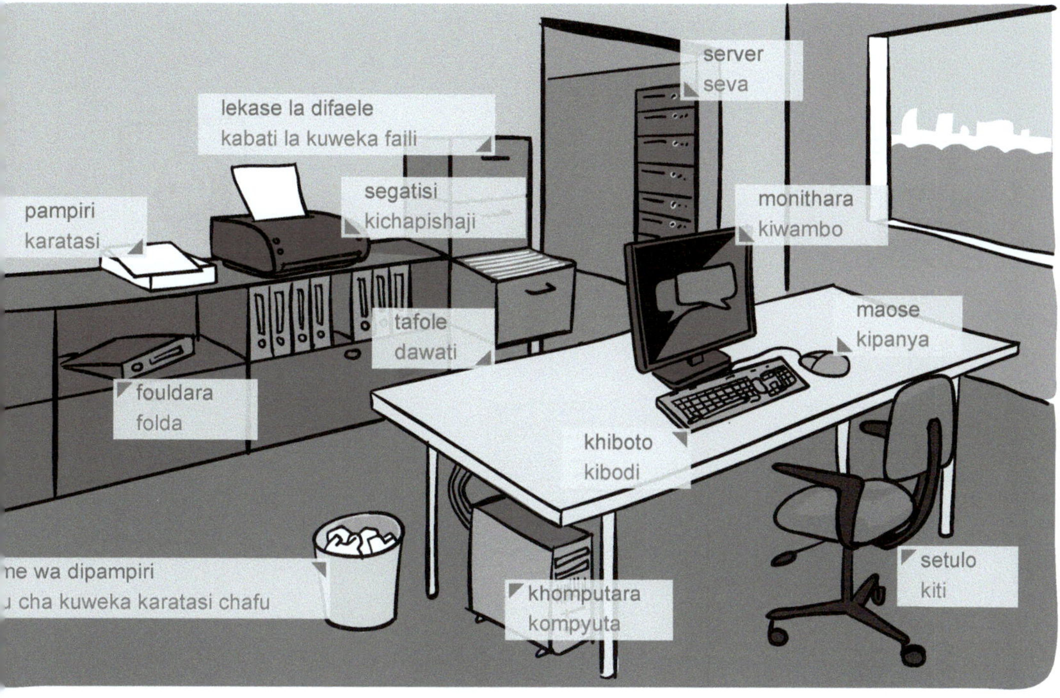
server
seva
lekase la difaele
kabati la kuweka faili
segatisi
kichapishaji
pampiri
karatasi
monithara
kiwambo
tafole
dawati
maose
kipanya
fouldara
folda
khiboto
kibodi
ne wa dipampiri
cha kuweka karatasi chafu
setulo
kiti
khomputara
kompyuta

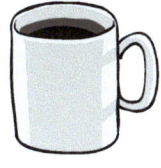

kopi

kmobe la kahawa

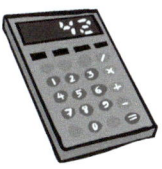

khalkhuleitara

kikokotoo

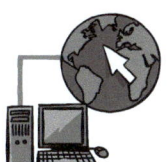

inthanete

biashara

lapothopo

mbali

lekwalo

barua

molaetsa

ujumbe

mogala wa letheka

rununu

kgolagano ya megala

intaneti

segatisa dipampiri

fotokopia

software

programu

mogala

simu

sokete ya polaka

soketi

motšhini wa fekese

kipepesi

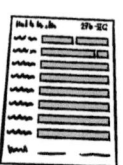

foromo

fomu

setlankana

hati

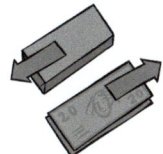

reka

kununua

patela

kulipa

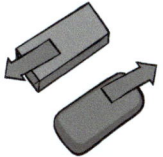

rekisa

biashara

madi / tšhelete

fedha

dolara

dola

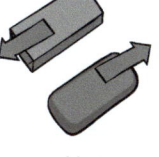 

euro

yuro

yen

yeni

roubele

rouble

swiss franc

faranga ya Uswisi

renminbi yuan

renminbi yuan

rupee

rupia

lefelo la madi

eneo la kulipia

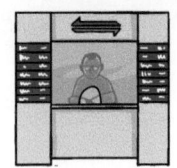

kantoro ya go fetola madi

ofisi ya ubadilishanaji

gauta

dhahabu

selefera

fedha

oli

mafuta

maatla

nishati

tlhwatlhwa

bei

konteraka

mkataba

lekgetho

kodi

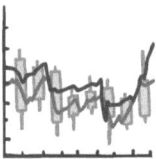

setoko

bidhaa

dira

kazi

mothapiwa

mfanyakazi

mothapi

mwajiri

bodirelo

kiwanda

lebenkele

duka

maemo
kazi

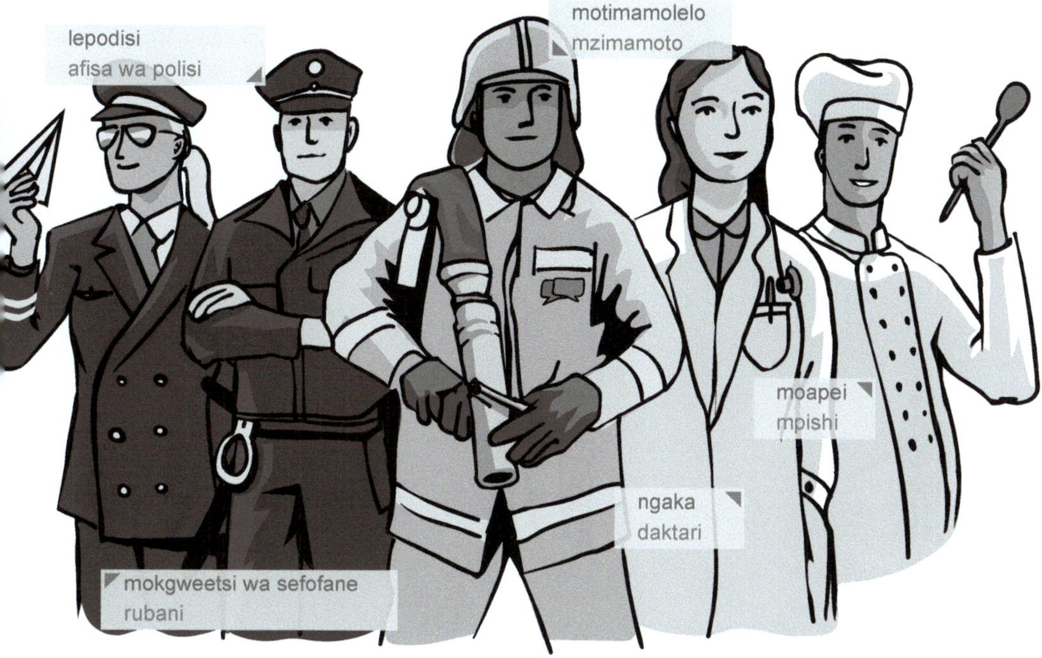
lepodisi
afisa wa polisi
motimamolelo
mzimamoto
moapei
mpishi
ngaka
daktari
mokgweetsi wa sefofane
rubani

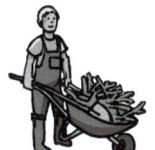

ratshingwana

mtunza bustani

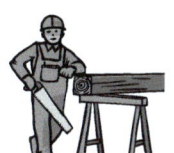

mmetli wa dikgong

seremala

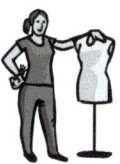

moroki

mshonaji

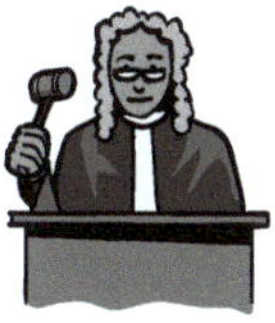

moatlhodi

hakimu

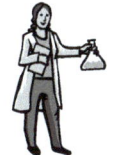

moitse wa melemo

mwanakemia

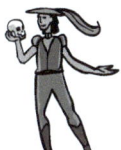

modiragatsi

muigizaji

mokgweetsi wa bese

dereva wa basi

mokgweetsi wa tekisi

dereva wa teksi

motshwari wa ditlhapi

mvuvi

Mme yo o phepafatsang

mwanamke wa kusafisha

moruledi

mwezekaji

weitara

mhudumu

motsumi

mwindaji

motaki

mchoraji

mmesi wa senkgwe

mwokaji

ramotlakase

umeme

moagi

mjenzi

moenjenere

mhandisi

mosegi wa nama

mchinjaji

motsenyi wa diphaepe tsa metsi

fundi bomba

motsamaisa poso

mwanaposta

leshole

mwanajeshi

modiri wa dipolane

msanifu majengo

morekisi

keshia

morekisi wa malomo

muuza maua

mokgabisamoriri

msusi

kondactara

kondakta

mokheneke

mekanika

mokapeteine

nahodha

ngaka ya meno

daktari wa meno

Rasaense

mwanasayansi

moruti

rabbi

imam

imamu

moitlami

mtawa

moruti

kasisi

didiriswa
zana

tang
koleo
hamore
nyundo
sekurufu deraevara
bisibisi
sepanere
spana
lobone
kurunzi

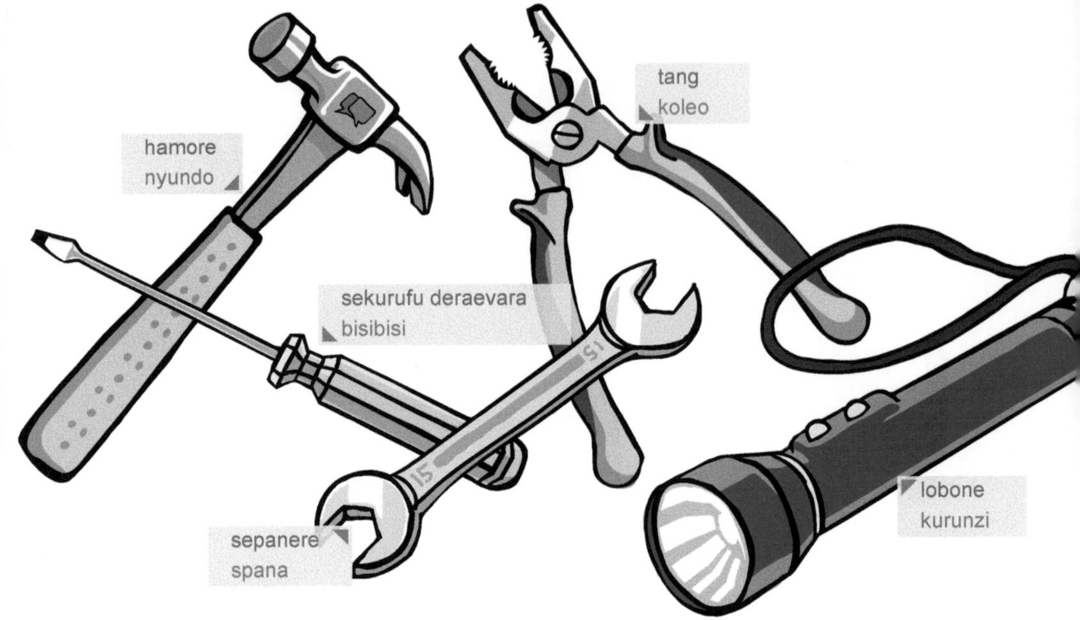

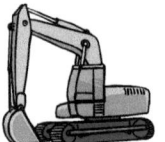

moepi
mchimbaji

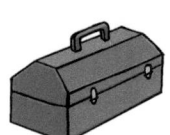

bokoso ya didirisiwa
sanduku la vifaa

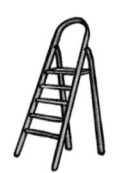

lere
ngazi

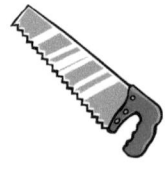

saga
msumeno

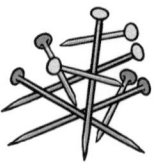

dipekere
misumari

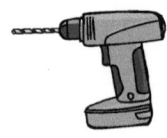

sebori
kuchimba visima

baakanya
kukarabati

garawe
sepetu

ijaa!
Lo!

seolela matlakala
kishikio cha uchafu

pitsa ya pente
chungu cha rangi

sekurufu
skurubu

didirisiwa tsa mmino
ala za muziki

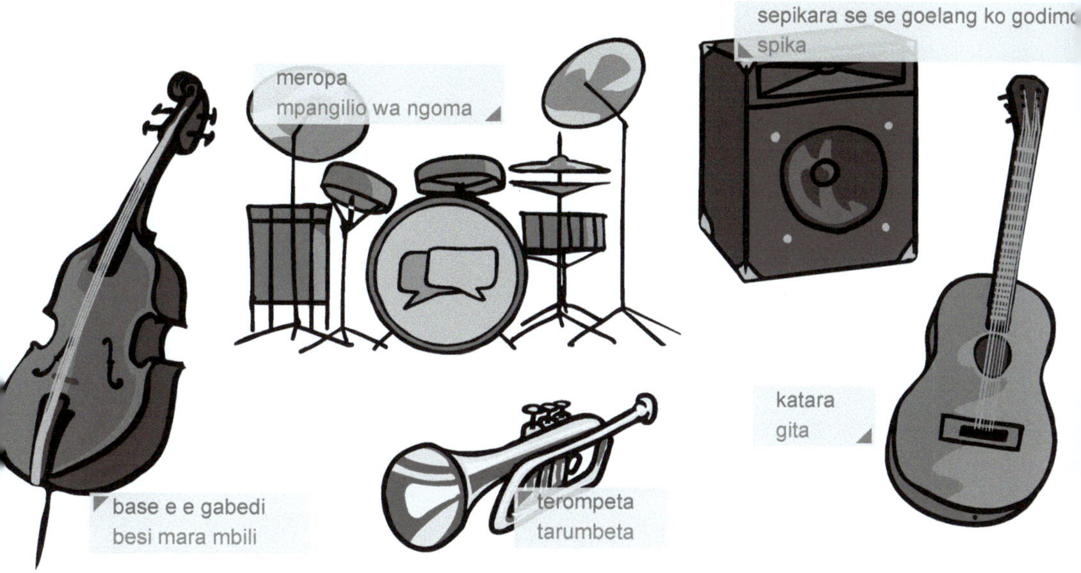

meropa
mpangilio wa ngoma

sepikara se se goelang ko godimo
spika

katara
gita

base e e gabedi
besi mara mbili

terompeta
tarumbeta

piano

piano

bayolini

fidla

base

ubeji

timpane

timpani

meropa

ngoma

khiboto

kibodi

sekesofone

saksafoni

phala

filimbi

sebuela godimo

maikrofoni

lefelo la go bonela diphologolo

bustani ya wanyama

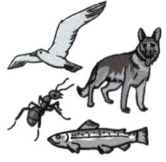

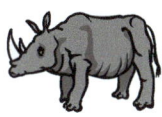

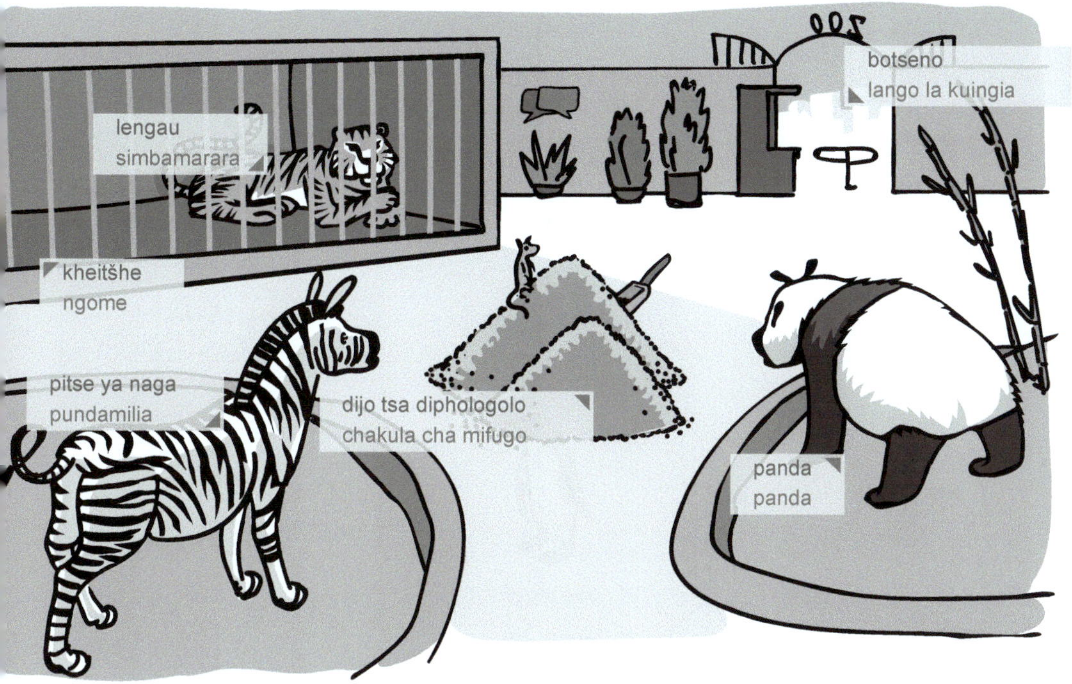

botseno
lango la kuingia
lengau
simbamarara
kheitšhe
ngome
pitse ya naga
pundamilia
dijo tsa diphologolo
chakula cha mifugo
panda
panda

diphologolo

wanyama

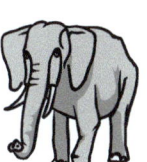

tlou

tembo

dikhankaruu

kangaruu

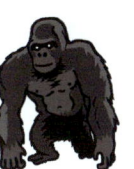

tshukudu

kifaru

tshweni

sokwe

bera

dubu

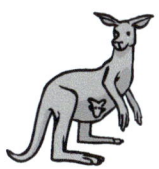

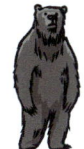

kamela

ngamia

kalakune

mbuni

tau

simba

tshwene

tumbili

flamingo

heroe

papalagae

kasuku

bera e e dulang ko lefelong
le le tsididi thata

dubu

nonyane tsa lewatle

penguini

leruarua

papa

phikoko

tausi

noga

nyoka

kwena

mamba

motlhokomedi wa
diphologolo

mtunza wanyama

sili

muhuri

katse

jaguar

petsana

mwanafarasi

lengau

chui

tshukudu

kiboko

thutlwa

twiga

ntsu

tai

dikolobe tsa naga

nguruwe mwitu

tlhapi

samaki

khudu

kobe

walrus

sili

ntja ya naga

mbweha

tshephe

paa

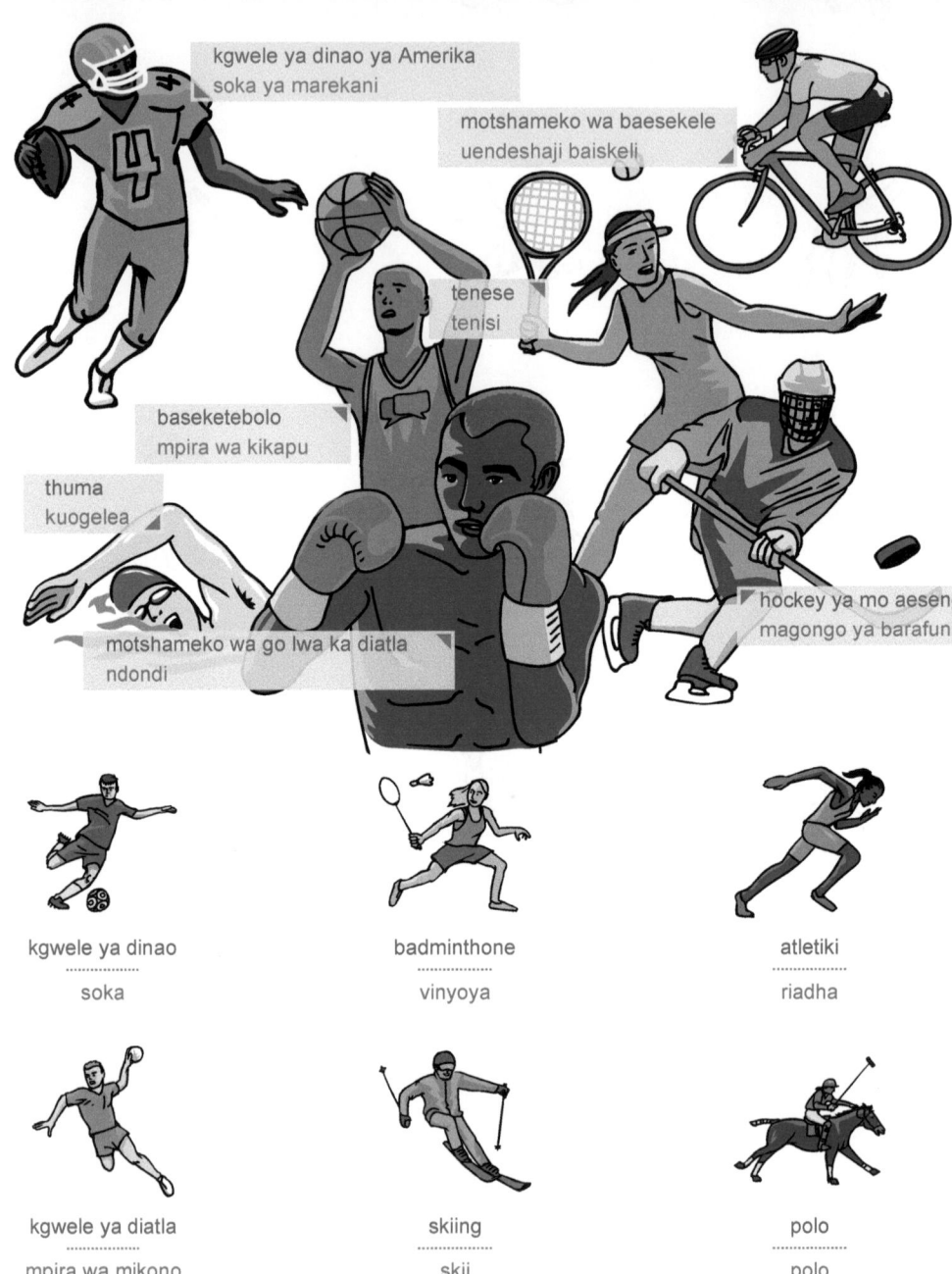

kgwele ya dinao ya Amerika
soka ya marekani

motshameko wa baesekele
uendeshaji baiskeli

tenese
tenisi

baseketebolo
mpira wa kikapu

thuma
kuogelea

motshameko wa go lwa ka diatla
ndondi

hockey ya mo aeseng
magongo ya barafuni

kgwele ya dinao

soka

badminthone

vinyoya

atletiki

riadha

kgwele ya diatla

mpira wa mikono

skiing

skii

polo

polo

didirwa

shughuli

tshega
cheka
tlola
kuruka
tlamparela
kumbatia
tsamaya
kutembea
opela
kuimba
lora
ota ndoto
rapela
kuomba
atla
busu

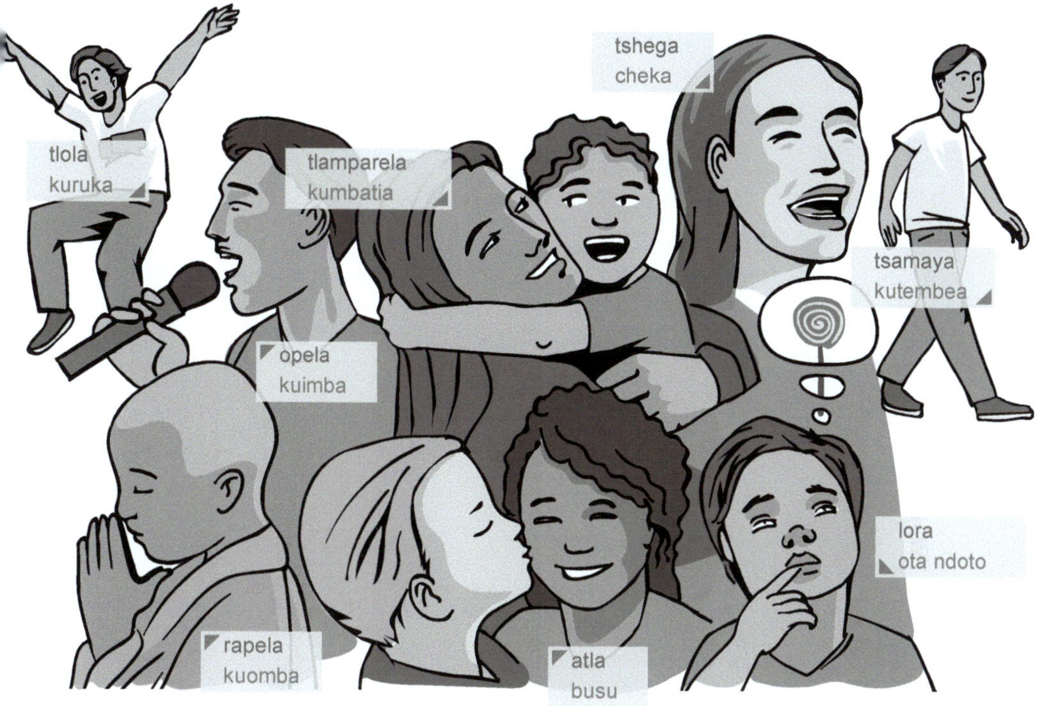

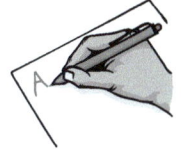

kwala

kuandika

torowa

kuteka

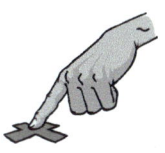

bontsha

angalia

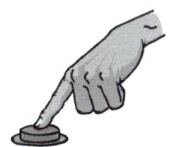

kgorometsa

sukuma

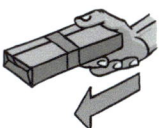

naya

kutoa

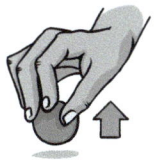

tsaya

kuchukua

go nna

kuwa

dira

fanya

nna

kuwa

ema

kusimama

taboga

kukimbia

goga

vuta

latlha

kutupa

wa

kuanguka

maaka

hadaa

ema

kusubiri

tsholetsa

kubeba

dula

kukaa

apara

vaa nguo

robala

usingizi

tsoga

kuamka

leba

kuangalia

lela

lia

thuma ka lemorago

kiharusi

kama

chana nywele

bua

ongea

tlhaloganya

kuelewa

botsa

kuuliza

reetsa

kusikiliza

nwa

kunywa

ja

kula

phepafatsa

nadhifisha

lorato

upendo

apaya

mpishi

kgweetsa

gari

fofa

kuruka

seila
meli

khalkhuleitara
kokotoa

bala
kusoma

ithute
kujifunza

dira
kazi

nyala
kuoa

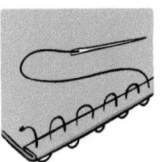

roka
kushona

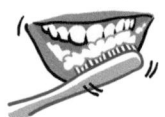

tlhapa meno
piga mswaki

bolaya
kuua

tsuba
moshi

romela
kutuma

lelapa
familia

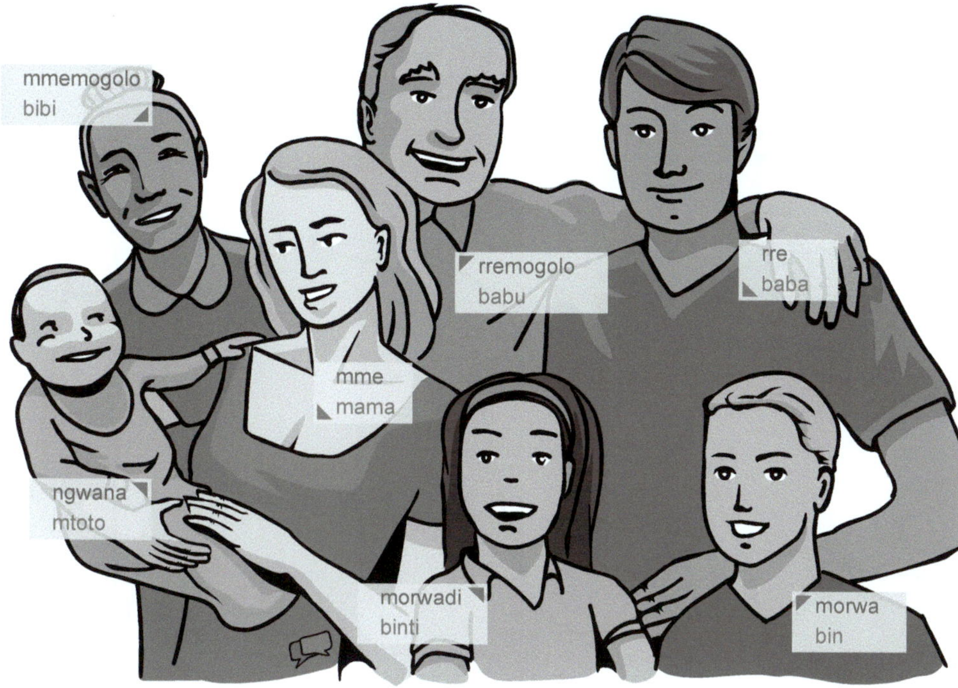
mmemogolo
bibi
rremogolo
babu
rre
baba
mme
mama
ngwana
mtoto
morwadi
binti
morwa
bin

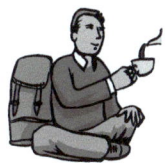

moeng

mgeni

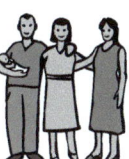

mmangwane

shangazi

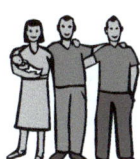

malome

mjomba

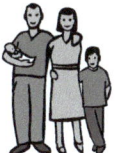

abuti

kaka

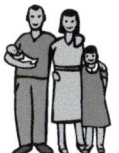

ausi

dada

mmele

mwili

phatlha
paji la uso
leitlho
jicho
legetla
bega
monwana
kidole
sefatlhego
uso
seledu
kidevu
seatla
mkono
leoto
mguu
letsele
matiti
letsogo
mkono

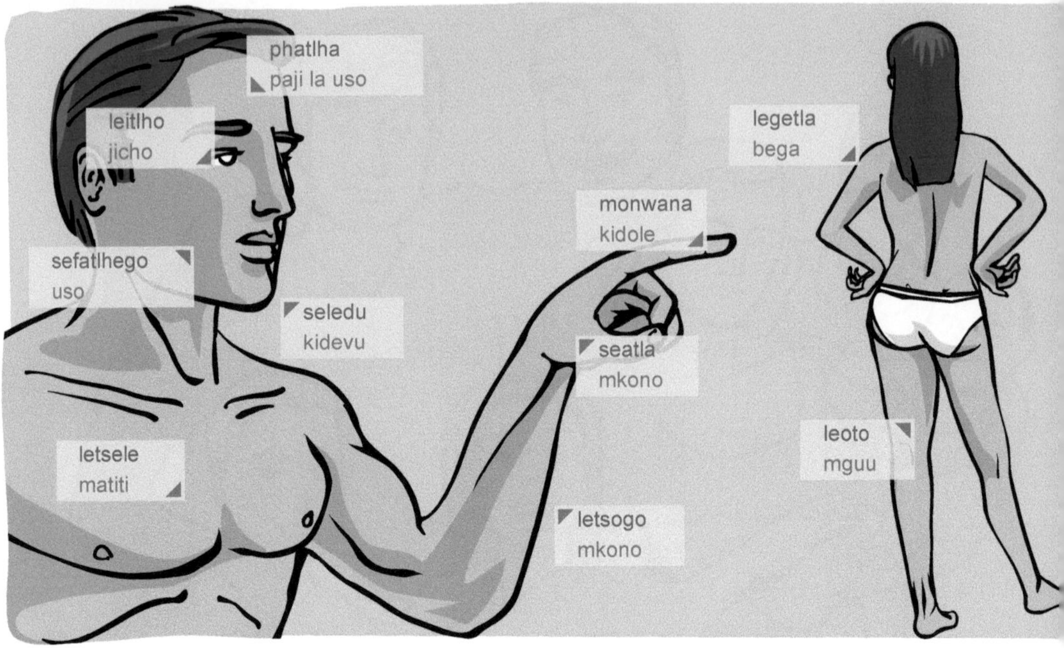

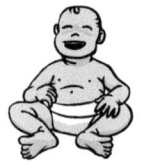

ngwana

mtoto

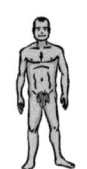

monna

mwanamume

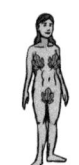

mosadi

mwanamke

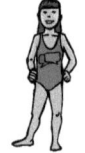

mosetsana

msichana

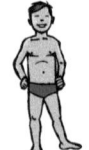

mosimane

mvulana

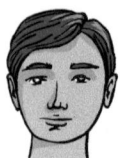

tlhogo

kichwa

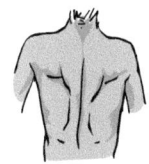

mokwatla

nyuma

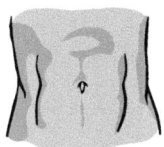

mpa

tumbo

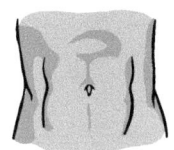

khubu

kitovu

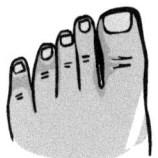

monwana

chano

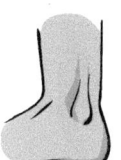

serethe

kisigino

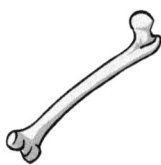

lerapo

mfupa

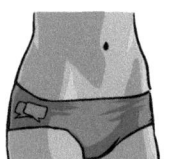

letheka

nyonga

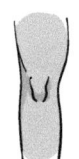

lengole

goti

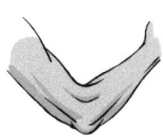

sekgono

kiwiko

nko

pua

ko tlase

chini

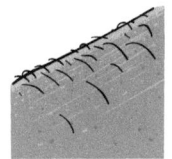

letlalo

ngozi

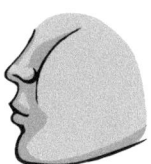

lerama

shavu

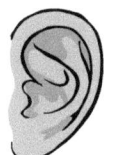

tsebe

sikio

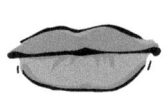

pounama

mdomo

molomo

kinywa

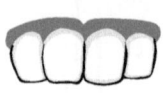

leino

jino

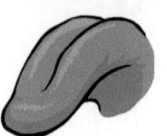

loleme

ulimi

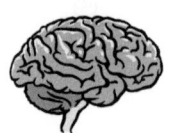

boboko

ubongo

pelo

moyo

maatla

misuli

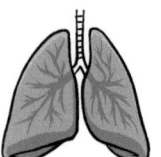

lekgwafo

pafu

sebete

ini

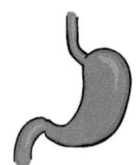

mala

tumbo

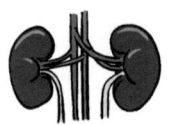

diphio

figo

bong

jinsia

mosomelwana

kondomu

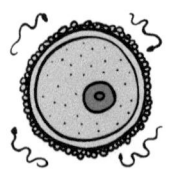

sebelegi sa ngwana

ovari

semen

shahawa

moimana

mimba

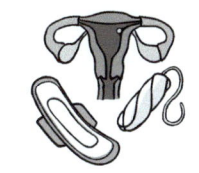

dinako tsa go tla ka kgwedi
tsa basadi
....
hedhi

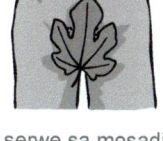

serwe sa mosadi
....
uke

serwe sa monna
....
uume

dintshi
....
unyusi

moriri
....
nywele

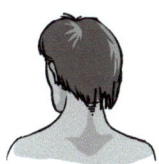

thamo
....
shingo

mmele - mwili

sepetlele
hospitali

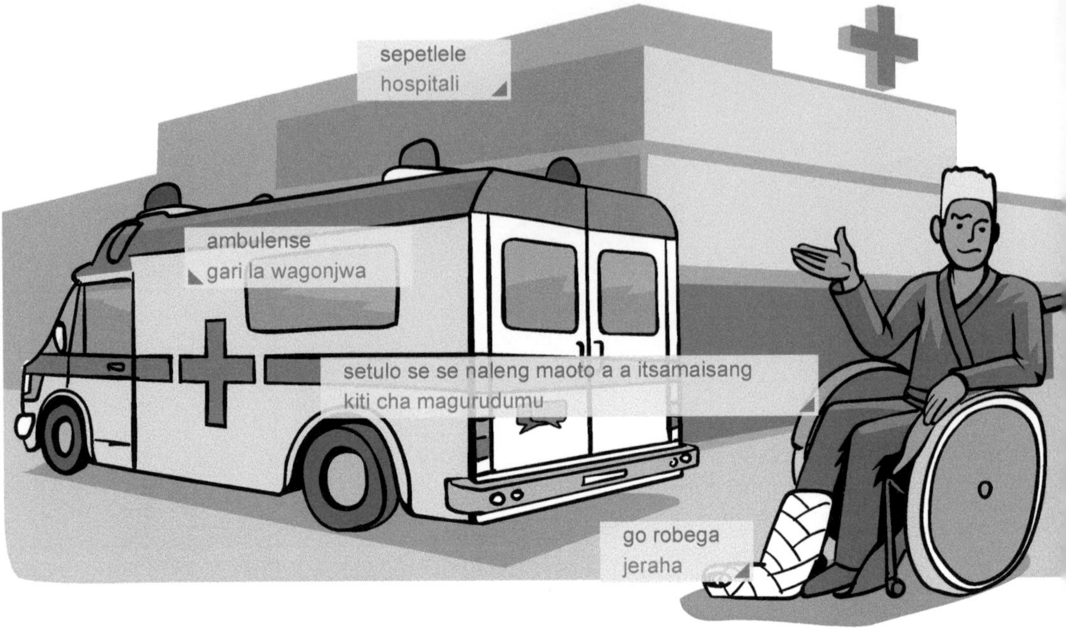

sepetlele
hospitali
ambulense
gari la wagonjwa
setulo se se naleng maoto a a itsamaisang
kiti cha magurudumu
go robega
jeraha

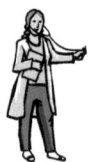

ngaka
daktari

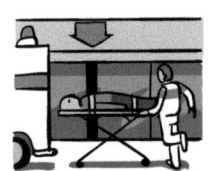

phaphosi ya tshoganyetso
chumba cha dharura

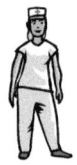

mooki
muuguzi

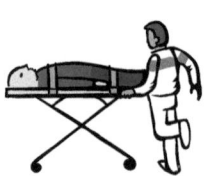

tshoganyetso
dharura

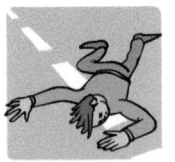

idibala
kupoteza fahamu

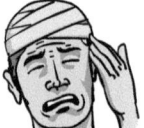

setlhabi
maumivu

kgobalo

kuumia

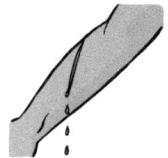

go dutla madi

kutokwa na damu

tlhaselo ya pelo

mshtuko wa moyo

setorouko

kiharusi

bolwetsi

mzio

go gotlhola

kikohozi

fulu

homa

fulu

mafua

letshololo

kuharisha

opiwa ke tlhogo

maumivu ya kichwa

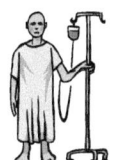

kankere

kansa

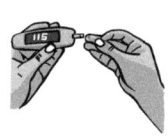

sukiri ya mmele

ugonjwa wa kisukari

moari

daktari mpasuaji

sekalepele

kisu kidogo cha kupasulia

karo

operesheni

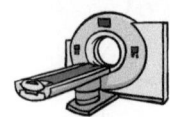

CT

picha changanufu ya mwili

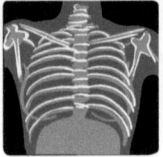

x-ray

Eksrei

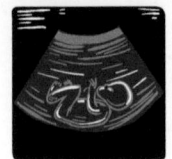

motšhini wa go leba mo mpeng

mawimbi sauti

sesira sefatlhego

barakoa ya uso

twatsi

ugonjwa

phaposi boletelo

chumba cha kusubiri

dithobane

mkongojo

polasetara

plasta

sefapho

bendeji

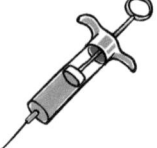

lemao

sindano

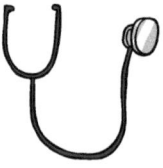

setetosekoupu

stetoskopu

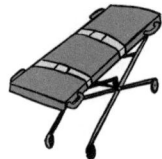

seteretšhara

machela

themometara ya bongaka

kipimajoto cha kliniki

pelegi

kuzaliwa

bokima jwa mmele

unene kupita kiasi

sedirisiwa sa go thusa go
utlwa

kusikia misaada

sesireletsa dintho

kipukusi

tshwaetso

maambukizi

mogare

virusi

HIV / AIDS

VVU / UKIMWI

melemo

dawa

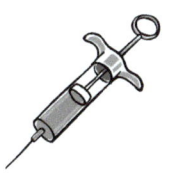

mokento

chanjo

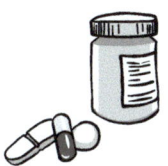

thabolete

vidonge

pilisi

kidonge

mogala wa tshoganyetso

simu ya dharura

motšhini wa go ela tlhoko
kgatelelo ya madi

haemodainamometa

lwala / itekanetse

mgonjwa / mwenye afya

Thusa!

Msaada!

alamo

kengele

tshotlako

pigo

tlhasela

shambulizi

kotsi

hatari

kgoro ya tshoganyetso

lango la dharura

Molelo!

Moto!

setima moleleo

kizima moto

kotsi

ajali

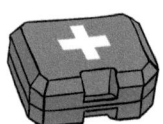

khiti ya go thusa ka
dikgobalo

vifaa vya huduma ya
kwanza

SOS

wito wa msaada

lepodisi

polisi

Yuropa

Ulaya

Bokone jwa Amerika

Amerika ya Kaskazini

Borwa jwa Amerika

Amerika ya Kusini

Aforika

Afrika

Asia

Asia

Australia

Australia

Atlantic

Atlantiki

Pacific

Pasifiki

Lewatle la India

Bahari ya Hindi

Lewatle la Antarctic

Bahari ya Antaktiki

Lewatle la Arctic

Bahari ya Aktiki

Bokone

Ncha ya Kaskazini

Borwa

Ncha ya Kusini

Antartica

Antaktika

Lefatshe

dunia

lefatshe

nchi

lewatle

bahari

losi lwa lewatle

kisiwa

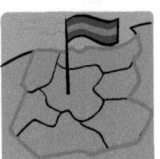

lotso

taifa

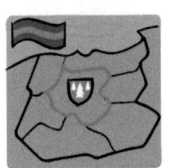

boemo

jimbo

lentle la tshupanako

uso wa saa

letsogo la ura

akrabu ya saa

letsogo la metsotso

akrabu ya dakika

letsogo la metsotswana

akrabu ya sekunde

ke nako mang?

Ni saa ngapi?

letsatsi

siku

nako

wakati

go ne jaanong

sasa

tshupanako ya dijithale

saa ya dijitali

metsotso

dakika

ura

saa

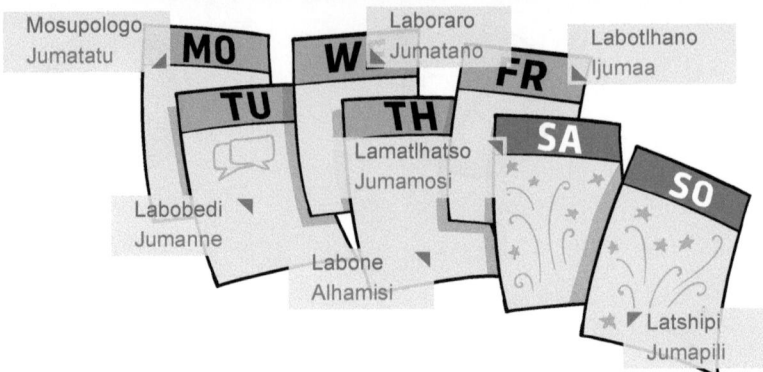

Mosupologo / Jumatatu — MO

Labobedi / Jumanne — TU

Laboraro / Jumatano — W

Labone / Alhamisi — TH

Labotlhano / Ijumaa — FR

Lamatlhatso / Jumamosi — SA

Latshipi / Jumapili — SO

maabane

jana

gompieno

leo

kamoso

kesho

moso

asubuhi

thapama

saa sita mchana

maitseboa

jioni

malatsi a tiro

siku za biashara

mafelo a beke

mwishoni mwa wiki

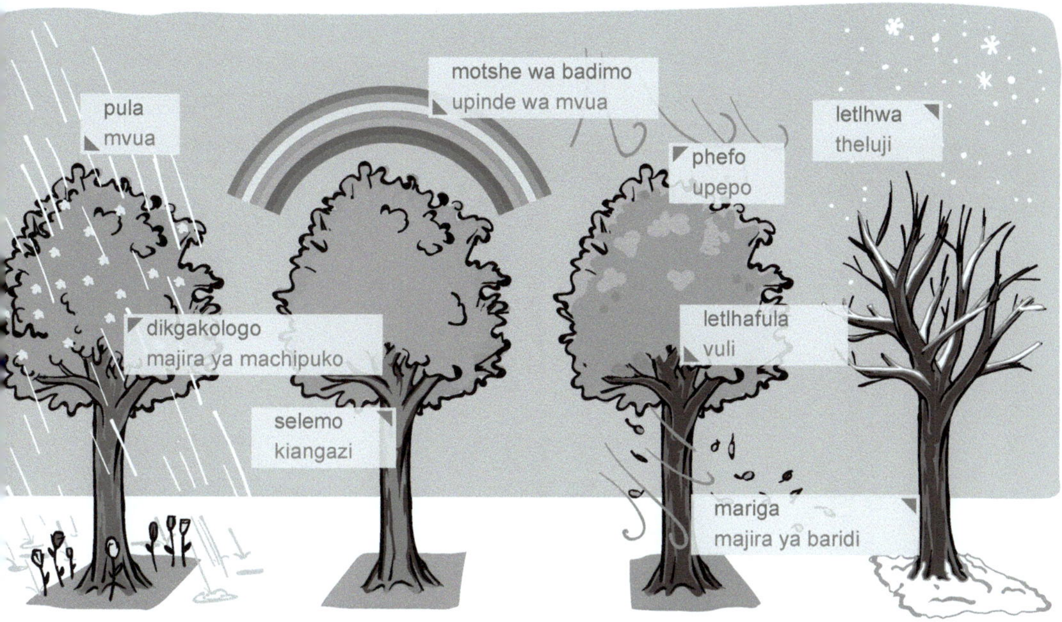

pula
mvua

motshe wa badimo
upinde wa mvua

phefo
upepo

letlhwa
theluji

dikgakologo
majira ya machipuko

letlhafula
vuli

selemo
kiangazi

mariga
majira ya baridi

botsogo jwa loapi

utabiri wa hali ya hewa

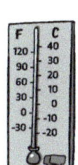

themomithara

kipimajoto

letsatsi

mwanga wa jua

leru

wingu

mouwane

ukungu

humidity

unyevu

legadima

umeme

modumo wa maru

radi

matsubutsubu

dhoruba

sefako

mvua ya mawe

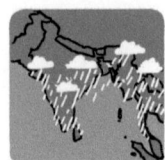

monsoon

monsuni

morwalela

mafuriko

aese

barafu

Ferikgong

Januari

Tlhakole

Februari

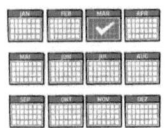

Mopitlwe

Machi

Moranang

Aprili

Motsheganong

Mei

Seetebosigo

Juni

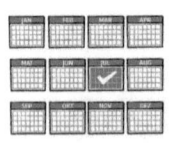

Phukwi

Julai

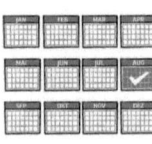

Phatwe

Agosti

Lwetse
....
Septemba

Diphalane
....
Oktoba

Ngwanaatsele
....
Novemba

Sedimonthole
....
Desemba

dipopego
maumbo

kgolokwe
....
mduara

khutlonne
....
mraba

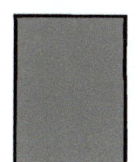

khutlonnetsepa
....
mstatili

khutlotharo
....
pembetatu

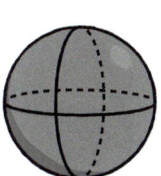

khutlo
....
nyanja

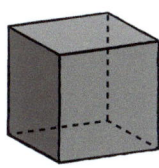

khiubu
....
mchemraba

tshweu

nyeupe

serolwana

manjano

mmala wa namune

chungwa

pinki

rangi ya waridi

khibidu

nyekundu

bohibidu jo bo mokgona

hudhurungi

pududu

bluu

tala

kijani

tshetlha

hanja

tshetlha

jivujivu

ntsho

nyeusi

go le gontsi / go nnye

mengi / kidogo

go kwata / go ritibala

hasira / pole

montle / maswe

nzuri / mbaya

tshimologo / bofelo

mwanzo / mwisho

tonna / nnyane

kubwa / ndogo

lesedi / lefifi

angavu / giza

abuti / ausi

kaka / dada

phepa / leswe

safi / chafu

feletse / go sa felela

kamilika / tokamilika

motshegare / bosigo

siku / usiku

o sule / o a tshela

wafu / hai

bophara / tshesane

pana / nyembamba

ya jega / ga e jege

kulika / kutolika

bosula / molemo

ovu / ema

go itumela thata / go se
itumele

sisimkwa / udhika

nonne / tshesane

nene / nyembamba

ntlha / bofelo

kwanza / mwisho

tsala / sera

rafiki / adui

tletse / lolea

jaa / tupu

thata / bonolo

ngumu / laini

bokete / motlhofo

nzito / nyepesi

tlala / lenyora

njaa / kiu

lwala / itekanetse

mgonjwa / mwenye afya

dumelesega / dumeletswe

haramu / kisheria

botlhale / sematla

akili / kijinga

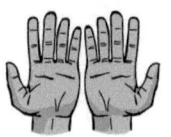

molema / moja

kushoto / kulia

gaufi / kgakala

karibu / mbali

ganetsa - kinyume

sesha / ya kgale

mpya / kutumika

sepe / sengwe

kitu / jambo

mogolo / mosha

zee / changa

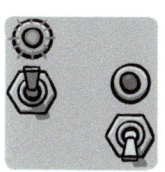

tsenya / tima

waka / zima

bula / tswetswe

wazi / fungwa

tidimalo / modumo

utulivu / kelele

khumo / lehuma

tajiri / masikini

siame / phoso

sahihi / kosa

ditlhotlhori / borethe

mbaya / laini

hutsafetse / itumetse

huzunika / furahia

khutshwane / telele

fupi /ndefu

bonya / bonako

polepole / haraka

metsi / omile

nyevu / kavu

mololo / tsididi

joto / baridi

ntwa / kagiso

vita / amani

ganetsa - kinyume

0

lefela

sufuri

1

nngwe

moja

2

pedi

mbili

3

tharo

tatu

4

nne

nne

5

tlhano

tano

6

thataro

sita

7

supa

saba

8

robedi

nane

9

robonngwe

tisa

10

lesome

kumi

11

some nngwe

kumi na moja

12

some pedi

kumi na mbili

13

some tharo

kumi na tatu

14

some nne

kumi na nne

15

some tlhano

kumi na tano

16

some thataro

kumi na sita

17

some supa

kumi na saba

18

some robedi

kumi na nane

19

some robonngwe

kumi na tisa

20

masomamabedi

ishirini

100

lekgolo

mia

1.000

sekete

elfu

1.000.000

milione

milioni

Sejatlhapi

Kiingereza

Sejatlhapi sa Amerika

Kiingereza cha Marekani

se-China

Kimandarini cha Uchina

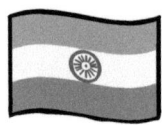

se-Hindi

Kihindi

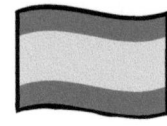

se-Spanish

Kihispania

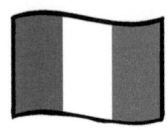

se-For a

Kifaransa

se-Araba

Kiarabu

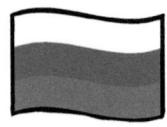

se-Russia

Kirusi

se-Potokisi

Kireno

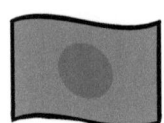

se-Bengali

Kibengali

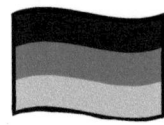

se-Jeremane

Kijerumani

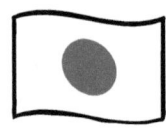

se-Japane

Kijapani

Nna

mimi

wena

wewe

ene / ene / sone

yeye / yeye / ni

re

sisi

wena

wewe

bone

wao

mang?

nani?

eng?

nini?

jang?

jinsi gani?

kae?

wapi?

leng?

lini?

leina

jina

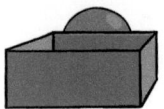

mo morago

nyuma

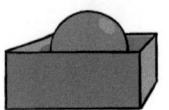

mo

katika

fa pele ga

mbele ya

godimo

juu ya

mo

kwenye

fa tlase

chini ya

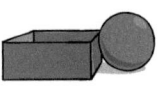

mo thoko

kando

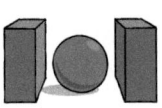

magareng

kati

lefelo

mahali